| 지은이 | **린다 굿맨**Linda Goodman

1925년 미국의 웨스트버지니아에서 양자리로 태어난 린다 굿맨은 방송인이
자 저널리스트였으며 시인이자 천문해석가였습니다. 린다 굿맨은 제2차 세
계대전 동안 〈린다의 러브레터Love Letters from Linda〉라는 유명한 라디오 프로
그램을 진행하면서 명성을 얻기 시작했습니다. 그 이후 미국의 동부와 남동
부 지역 신문에 기고를 하면서 본격적인 저술 활동을 시작하였고, 흑인 인권
운동가이자 미국도시연맹National Urban League의 회상이었던 휘트니 영Whitney
Young의 연설문을 작성하기도 했습니다. 린다 굿맨이 풍부한 임상 경험과 인간
에 대한 깊은 이해를 바탕으로 집필한『당신의 별자리』는 1968년 출간 이후 공
전의 히트를 기록하였습니다. 천문해석학 분야의 책으로는 처음으로 「뉴욕 타
임스」 베스트셀러 목록에 오르는 쾌거를 이루었고, 1978년 출간된『사랑의 별
자리Linda Goodman's Love Signs』또한 「뉴욕 타임스」 베스트셀러 목록에 올랐습
니다. 그녀의 책들은 40여 년이 지난 지금까지 전 세계 독자들의 사랑을 받고
있는 고전이며 베스트셀러입니다. 책 곳곳에는 네 명의 자녀를 둔 어머니로
서 자녀들에게 전해 주고 싶은 아름답고 따뜻한 경험과 지혜가 스며들어 있
습니다. 그녀는 콜로라도 주에 있는 크리플 크리크에서 말년을 보냈으며, 그
녀가 살던 집은 현재 여행자들을 위한 게스트하우스가 되었습니다. 1995년
향년 70세로 생을 마감했습니다.

| 옮긴이 | **이순영**

1970년 강릉에서 태어나고 자랐습니다. 한국외국어대학교 영어과를 졸업한 뒤
여러 기업체에서 해외 업무를 담당했습니다. 2009년 도서출판 북극곰을 설립
하여 환경과 영혼의 치유를 주제로 일련의 책들을 꾸준히 발간하고 있으며, 번
역가로도 왕성하게 활동하고 있습니다. 번역서로는 노베르트 로징의『북극곰』,
마르타 알테스의『안돼!』, 엠마누엘레 베르토시의『나비가 되고 싶어』가 있으
며, 린다 굿맨의『사랑의 별자리』도 곧 아름다운 우리말로 선보일 예정입니다.

당신의 별자리

사수자리

당신의 별자리

사수자리

2012년 12월 21일 초판 1쇄

지은이 린다 굿맨 ‖ **옮긴이** 이순영

펴낸이 이순영 ‖ **편집** 이루리 ‖ **디자인** 오빛나 ‖ **덕담** 최우근 ‖ **박은곳** 한영문화사

펴낸곳 북극곰 ‖ **주소** 서울시 은평구 진관동 은평뉴타운 우물골 239동 1001호

전화 02-359-5220 ‖ **팩스** 02-359-5221

이메일 bookgoodcome@gmail.com ‖ **홈페이지** www.bookgoodcome.com

블로그 http://blog.naver.com/codathepolar ‖ **페이스북** 도서출판 북극곰

ISBN 978-89-97728-27-5 03180   **값** 9,000원

Linda Goodman's Sun Signs

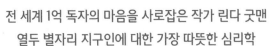
Linda Goodman's Sun Signs

전 세계 1억 독자의 마음을 사로잡은 작가 린다 굿맨
열두 별자리 지구인에 대한 가장 따뜻한 심리학

당신의 별자리

사수자리

11. 23 ~ 12. 21

린다 굿맨 지음 | 이순영 옮김

북극곰

진정으로 지인들을 이해했던 쌍둥이자리 마이크 토드를 위하여

그리고 물고기자리 멜리사 앤과의 약속을 지키기 위해

이리하여 이상한 나라가 생겨났네.
이렇게 서서히 하나씩 하나씩
이상한 사건들이 일어나고
이제 하나의 이야기가 만들어졌네.

감사의 말

나의 벗이자 스승인 처녀자리 천문해석가 로이드 코프의 도움과 조언에 깊이 감사드립니다. 로이드의 격려와 신뢰가 없었다면 이 책은 그저 양자리의 여러 꿈 중 하나로만 남아 있었을 것입니다.

★ 열두 별자리 개요

별자리	상징	기간	지배행성	구성 원소	상태
양자리 *Aries*	♈	3.21~4.20	화성 *Mars*	불	활동
황소자리 *Taurus*	♉	4.21~5.21	금성 *Venus*	흙	유지
쌍둥이자리 *Gemini*	♊	5.22~6.21	수성 *Mercury*	공기	변화
게자리 *Cancer*	♋	6.22~7.23	달 *Moon*	물	활동
사자자리 *Leo*	♌	7.24~8.23	태양 *Sun*	불	유지
처녀자리 *Virgo*	♍	8.24~9.23	수성 *Mercury*	흙	변화
천칭자리 *Libra*	♎	9.24~10.23	금성 *Venus*	공기	활동
전갈자리 *Scorpio*	♏	10.24~11.22	명왕성 *Pluto*	물	유지
사수자리 *Sagittarius*	♐	11.23~12.21	목성 *Jupiter*	불	변화
염소자리 *Capricorn*	♑	12.22~1.20	토성 *Saturn*	흙	활동
물병자리 *Aquarius*	♒	1.21~2.19	천왕성 *Uranus*	공기	유지
물고기자리 *Pisces*	♓	2.20~3.20	해왕성 *Neptune*	물	변화

★ 용어 설명

- **천문해석학**astrology : 인간이 태양과 달을 포함한 행성들의 영향을 받는다는 전제 하에 태어나는 시간과 장소에 따른 행성들의 위치에 근거하여 사람의 성격과 삶에 대하어 풀이히는 학문으로, 일명 점성학이라고 알려져 있음.

- **출생차트**natal chart : 태어나는 시간과 장소에서 본 행성들의 위치.

- **충돌 각도**hard aspect : 출생차트의 행성들이 서로 90도나 180도를 이루고 있는 경우.

- **태양별자리**sun signs : 태어난 시간과 장소에서 볼 때 태양이 위치하고 있는 별자리.

- **달별자리**moon signs : 태어난 시간과 장소에서 볼 때 달이 위치하고 있는 별자리.

- **동쪽별자리**ascendant : 태어난 시간과 장소에서 볼 때 동쪽 지평선에 위치하고 있는 별자리.

- **영역**house : 태어난 시간에 태어난 위치에서 보이는 하늘을 12구역으로 나눈 것으로 인생의 다양한 경험 분야를 의미함.

- **경계선**cusps : 각 영역의 시작점.

★ 별자리(태양별자리)란?

'태양별자리'라는 말은 당신이 만약 쌍둥이자리라면 당신이 태어난 시간에 태양이 쌍둥이자리라 불리는 곳에 위치해 있었고, 그 시기는 대략 5월 22일에서 6월 21일 사이라는 것을 의미합니다. 그 기간은 천문해석학 책에 따라 약간씩 다를 수 있습니다. 실제로 태양별자리가 바뀌는 시점은 정해져 있지 않습니다. 자정에 바뀐다고 가정하면 매우 간단한 일이지만 실제로는 그 시간이 하루 중 언제가 될지 알 수 없답니다. 예를 들어, 지난 몇십 년 동안은 양자리가 황소자리로 바뀌는 날은 4월 20일이었습니다. 그러니 4월 20일은 때에 따라 양자리가 될 수도 있고 황소자리가 될 수도 있는 것입니다. 출생차트를 뽑아 보지 않으면 사실은 양자리인 당신이 평생 황소자리라고 잘못 알고 살 수도 있는 것입니다. 어떤 별자리가 시작하는 날이나 끝나는 날에 태어난 사람이라면 정확한 출생 시간과 출생 장소(위도 및 경도)를 알고 있어야만 어떤 별자리인지 정확하게 알 수 있습니다.

※ 이 책에 인용된 시들은 모두 루이스 캐럴의 작품에서 빌어 왔음을 밝혀 둡니다.
　한국어판에서는 비룡소에서 출판한 『이상한 나라의 앨리스』와 『거울나라의 앨리스』를 참조하였습니다.
※ 개인의 출생차트는 윈스타winstar 프로그램이나 http://www.astro.com 등을 이용하여 볼 수 있습니다.
※ 이 책의 각주는 모두 역자가 단 것입니다.

목차

사수자리
Sagittarius
11월 23일~12월 21일

태양별자리를 어떻게 이해할 것인가

오래 전 이야기가 시작되었으니
여름의 태양이 그 빛을 발하고 있을 때
우리가 노 젓는 박자에 맞추어
울려 퍼지던 단아한 종소리

언젠가 당신은 출생차트의 상세한 내용을 알고 싶어질 때가 올 겁니다. 하지만 출생차트를 이해하려면 우선 무엇보다도 태양별자리를 이해해야 합니다. 우리는 잡지나 신문에서 단순히 열두 가지로 분류된 별자리 운세를 흔히 볼 수 있습니다. 그런데 별자리 운세를 읽는 것과 개개인의 태양별자리를 이해하는 것을 혼동하지 않았으면 합니다. 별자리 운세는 대체로 아주 그럴듯한 내용으로 당신의 관심을 끌지는 몰라도 오류가 전혀 없다고 할 수는 없습니다. 당신의 성격과 에너지를 전문적이고도 정확하게 분석하려면 당신이 태어난 정확한 날짜와 시간에 근거한 출생차트가 필요합니다.

하지만 이런 별자리 운세를 '누구에게나 해당하는 뻔하고 일반적인 내용을 모아놓은 잡동사니'로 치부해버리는 경향도 경계해야 합니다. 이 또한 사실이 아니니까요. 그러한 예언(암시라는 말이 더 적합하겠지만)은 황소자리나 물고기자리 또는 처녀자리에게 각각 적용되는 것이지 열두 별자리 모두에게 마구잡이식으로 적용되는 이야기는 아닙니다. 별자리 운세는 실력 있는 전문가들이 출생차트의 태양별자리를 비롯하여 그 시기에 하늘에서 움직이는 여러 행성들 사이의 각도를 수학적으로 계산하여 작성하므로 어느 정도까지는 예측이 가능합니다. 그러나 중요한 것은 그러한 예측들이 개개인의 출생차트에 있는 태양별자리와 여덟 개의 행성 및 달의 각도를 정확하게 반영하지 않기 때문에 개인별로 완벽하게 맞아떨어지지는 않는다는 것입니다. 이러한 결함을 감안하고 본다면 별자리 운세는 흥미롭고 도움이 될 만한 정보입니다.

태양은 모든 별 중에서도 가장 강력한 별입니다. 태양은 인간의 성격에 지대한 영향력을 미치기 때문에 태양별자리에 대한 해석만으로도 그날 태어난 개인에 대해서 놀라울 정도로 정확하게 설명할 수 있습니다. 태양의 전자기 파장(현재의 연구조사 수준에서는 이렇게밖에 표현할 수 없습니다.)은 우리가 인생을 살아가면서 태양별자리의 기질을 지속적으로 발현해 나갈 수 있도록 해 줍니다. 태양별자리가 인간의 행동과 특징을 분석하는 데 사용하는 유일한 요소는 아니지만, 상당히 중요한 의미를 차지하고 있습니다.

어떤 천문해석가는 태양별자리를 다루는 책들이 민족별·직업별 특징을 무시하고 인간의 특징을 일반화했다고 주장하기도 합니다. 그러한 생각에 대해 이해는 하지만 동의할 수는 없습니다. 물론 태양별자리를 잘못된 태도로 사용한다면 사람들을 호도하기 쉽다는 것은 사실입니다. 하지만 분명한 것은 출생차트 없이 태양별자리를 해석하는 것만으로 탁월하게 인간을 분석하고 본성을 이해할 수 있다는 사실입니다.

개인의 태양별자리는 대략 80퍼센트 정도 정확하며 가끔은 90퍼센트까지도 정확한 경우가 있습니다. 이 정도라면 아무것도 모르는 것보다는 훨씬 낫지 않을까요? 물론 나머지 10~20퍼센트도 매우 중요하므로 무시할 수는 없습니다. 하지만 우리가 한 사람의 태양별자리를 안다면 이미 기본적인 정보들을 얻게 되는 것입니다. 태양별자리에 관한 지식을 신중하게 적용한다면 위험성은 전혀 없다고 할 수 있습니다. 우리가 나머지 10~20퍼센트로 인해 잘못된 정보를 얻을 수도 있다는 점을 유념한다면 자신 있게 태양별자리를 해석할 수 있습니다.

그렇다면 태양별자리란 무엇일까요? 태양별자리란 당신이 태어나서 첫 숨을 들이쉬던 그 순간 태양이 있던 특정한 위치, 즉 양자리·황소자리·쌍둥이자리 등을 말합니다. 이는 천문학자들이 계산해 놓은 천문력 ephemeris에 따라 추출해 낸 정확한 위치를 의미합니다. 일러두기에서 밝힌 바와 같이 어떤 태양별자리가 시작하는 날이나 끝나는 날에 태어난 사람의 경우에는 정확한 출생 시간과 출생 장소의 위도 및 경도를 알아야만 어떤 태양별자리에 해당하는지 정확하게 알 수 있습니다. 다시 말해 이 책을 포함하여 모든 천문해석학 책에서 태양별자리가 시작하는 날과 끝나는 날은 대략적인 날짜라는 점을 반드시 기억해 주길 바랍니다. 이 시작하는 날과 끝나는 날을 경계선이라고 하는데, 이 경계선은 다소 혼란스러운 부분이 있습니다. 어떤 천문해석가는 이 기간을 조금 더 길게 보는 경우도 있지만, 어쨌거나 초보자는 헷갈릴 수밖에 없습니다. 그러나 당신이 태어난 날의 태양별자리가 쌍둥이자리라면 아무리 그 날짜가 경계선에 가깝다고 하더라도 쌍둥이자리라고 보아야 합니다. 쌍둥이자리 앞 별자리나 그 다음 별자리의 영향력을 무시할 수는 없지만, 그렇다고 해서 당신을 황소자리나 게자리로 바꿀 정도로 쌍둥이자리의 특성이 가려지지는 않습니다. 특정 별자리에 위치하고 있는 태양의 광채를 약화시킬 수 있는 것은 아무것도 없으며, 경계선 상에 태어난 경우 생기는 약간의 변수조차도 태양별자리의 특성을 완전히 바꿀 만큼 강력하지는 않습니다. 당신이 태어난 시간이 경계선에 해당하는지 정확하게 확인하고, 그런 경우라면 약간은 참작하되 그 다음에는 그 사실을 잊어버려도 괜찮습니다.

출생차트란 무엇일까요? 출생차트란 당신이 태어나던 순간에 하늘에 있던 모든 행성들의 위치를 마치 사진을 찍듯이 정확한 수학 계산에 따라 재구성한 지도라고 이해하면 좋습니다. 발광체인 태양과 달을 비롯하여 여덟 개의 행성이 있으며, 당신이 태어나던 순간에 위치한 12개의 별자리와 10개의 별들이 서로 맺고 있는 각도 및 위치가 당신의 삶에 영향을 미치게 됩니다.

예를 들어 당신이 6월 9일에 태어났다면, 태양이 쌍둥이자리에 위치하므로 쌍둥이자리이며 쌍둥이자리 특성 열 가지 중 대략 여덟 가지를 띠게 될 것입니다. 하지만 감정을 주관하는 달이 양자리에 위치한다면 당신의 감정적인 태도는 양자리의 특성이 나타납니다. 지성을 주관하는 수성이 전갈자리에 있다면 당신의 지적 처리 과정은 종종 전갈자리 특성을 나타내며, 언행을 관장하는 화성이 황소자리에 있다면 당신은 황소자리처럼 느리게 말하는 경향이 있을 것입니다. 또한 금성이 염소자리에 있다면 사랑을 비롯한 예술적이고 창조적인 일에서 염소자리와 같은 태도를 보일 것입니다. 그러나 이런 모든 행성들의 위치로 인한 특성도 태양별자리인 쌍둥이자리의 기본적인 특성을 완전히 없앨 수는 없습니다. 다른 행성들의 위치는 당신이 지닌 복잡한 성격에서 나오는 다양한 모습을 다듬어 주는 역할을 할 뿐이랍니다.

당신을 완벽하게 이해하기 위해서는 다른 요소들도 고려해 보아야 합니다. 먼저 당신이 태어난 시간에 여덟 개의 행성과 두 개의 발광체인 태양과 달이 어떤 각도를 맺고 있는지 살펴보아야 합니다. 그 각도에 따라서 해당 별자리의 영향력이 결정됩니다. 하지만 가장 중요한 것은 당신의 동쪽별자리와 동쪽별자리가 태양과 달 그리고 다른 행성들과 맺고 있는 각도입니다. 동쪽별자리는 상승점ascendant 또는 일출점rising이라고도 하는데 당신이 태어난 순간 동쪽 지평선에 있던 별자리를 의미합니다. 동쪽별자리는 신체적인 겉모습에 상당한 영향을 미치고,(물론 태양별자리도 겉모습에 많은 영향을 줍니다.) 태양별자리가 표현하는 지향성의 토대가 되며 당신의 진정한 내면을 구성합니다. 예를 들어 쌍둥이자리인 당신의 동쪽별자리가 물병자리라면 당신은 상당 부분 물병자리 성향을 띠기 때문에, 쌍둥이자리 특성 중에서 당신에게 있을 법한 특이한 성격이나 은밀한 욕망이 잘 드러나지 않는 이유가 궁금해질 것입니다. 모든 출생차트에서 태양별자리 다음으로 중요한 두 가지 요소는 바로 동쪽별자리와 달별자리입니다.

동쪽별자리를 알고 나서 태양별자리와 함께 차트를 해석하면 매우 흥미로운 사실을 깨닫게 됩니다. 바로 자신의 전체적인 성격에 대해 놀라울 정도로 정확하게 설명할 수 있다는 사실입니다. 여기에 세 번째 요소인 달별자리까지 고려해서 해석하면 당신의 성격에 대해 훨씬 더 정교한 그림을 얻게 됩니다.

다음으로 각 영역의 별자리도 고려해야 합니다. 영역은 출생차트에서 수학적으로 계산된 위치로, 당신의 다양한 삶의 분야에 영향을 미칩니다. 모두 열두 개가 있으며 각 영역마다 하나의 별자리가 할당됩니다. 첫 번째 영역은 항상 동쪽별자리의 지배를 받고, 나머지 열한 개는 시계 반대 방향으로 순서대로 위치하면서 열두 별자리를 완성합니다. 천문해석가는 당신이 태어난 정확한 시간과 장소에 근거하여 출생차트를 뽑고, 열두 개 영역에 해당하는 각 별자리들의 의미를 해석하고, 또한 각 영역에 들어가 있는 행성들의 의미를 고려합니다. 앞서 설명한 모든 요소들을 섞어서 당신의 성격, 잠재력, 그리고 과거의 과오와 미래의 가능성을 분석하는 것이 바로 종합적인 천문해석 기술입니다. 이것이 바로 천문해석가들의 시간과 노력 그리고 지식이 필요한 부분입니다. 차트를 계산하는 것 자체는 특정 수학 공식만 적용하면 상대적으로 간단하게 끝나는 일입니다.(최근에는 태어난 날짜, 시간, 장소를 입력하면 간편하게 출생차트를 볼 수 있는 별자리 프로그램이 다양하게 개발되어 있습니다.-역자)

하지만 우리는 결국 이 책에서 주로 다루는 태양별자리 이야기로 돌아갈 수밖에 없습니다. 어떤 면에서는 당신이 쌍둥이자리라고 하는 것은 당신이 뉴욕 출신이라고 말하는 것과 같은 맥락이라고 할 수 있는데 이것이 지나친 일반화는 아니기 때문입니다. 당신의 별자리를 알아내는 일보다 뉴욕 어느 바에서 텍사스 출신을 찾거나 텍사스 어느 식당에서 뉴요커를 찾아내는 일이 더 쉽지 않을까요? 조지 왕조 시대*의 정치가와 시카고 산업

---

* 조지 왕조 시대(Georgian era, 1714~1830): 조지1세~조지4세가 재위했던 영국의 중기와 후기 르네상스 시대.

시대의 사업가 사이에는 상당한 차이가 있지 않을까요? 당연히 매우 분명한 차이가 있습니다.

　당신이 텍사스 출신이며 업무상 회의에 곧 참석할 어떤 사람에 대해 얘기하는 중이라고 가정해 봅시다. 누군가 "그 사람 뉴요커야."라고 말하면 즉각적으로 어떤 이미지가 떠오를 것입니다. 텍사스 사람보다는 말이 빠르고 짧을 것이며, 인간 관계에서도 텍사스 사람보다는 덜 따뜻할 것이고, 인사치레 없이 곧바로 사업 이야기로 들어갈 것입니다. 또한 서둘러 계약서에 서명하고 바로 동부로 날아가는 비행기에 몸을 실을지도 모릅니다. 섬세한 구석이 있을 것이고, 정치적인 면에서는 텍사스 사람보다 더 자유분방할 것입니다. 그렇다면 왜 이러한 순간적인 인상이 상당히 맞아떨어지는 것일까요? 왜냐하면 뉴욕 사람들은 빠르게 돌아가는 도시에 살고 있기 때문에 느리게 행동했다가는 지하철에서 자리도 못 잡고 비 오는 날 택시도 못 잡기 때문이지요. 어쩌면 계속해서 어깨나 팔꿈치를 문질러 대는 통에 품위 없어 보일 수도 있으며, 최신 연극도 보고 최고의 박물관에도 가 봤을 테니 당연히 취향이 세련될 것입니다. 높은 범죄율과 복잡한 도시 생활로 인해 텍사스 사람만큼 가까운 이 웃들에게 따뜻한 관심을 가질 리가 없으니 그의 성격이 다소 냉랭할 거라고 추측할 수 있습니다.

물론 뉴요커 중에 느리게 말하는 황소자리도 있고 천천히 움직이는 염소자리도 있겠지만, 텍사스에 사는 황소자리나 염소자리처럼 느리지는 않을 것입니다. 그 렇지 않을까요? 또는 아무리 빨리 말하고 행동하는 쌍둥 이자리라 할지라도 텍사스에 사는 쌍둥이자리가 뉴욕에 사는 쌍둥이자리만큼 빠르지는 않을 것입니다. 모든 것 이 상대적이랍니다.

자, 그럼 그 사람이 뉴욕에 산다고 칩시다. 그리고 이제 이탈리아 출신이라는 사실도 알아냈다고 가정해 봅시다. 다른 이미지가 그려집니다. 여기에 그가 텔레비 전 방송작가라고 한다면 또다른 이미지가 떠오릅니다. 게다가 결혼했고 자녀가 여섯 명이라고 하면 이젠 완전 히 새로운 그림이 나타납니다. 그러므로 (비록 이것이 유 추이고 모든 유추가 불완전하기는 하지만) 그가 뉴요커라고 말하는 것은 그가 쌍둥이자리라고 말하는 것과 유사하 고, 다른 정보들은 그의 달별자리가 처녀자리이고 동쪽별자리가 전갈자리라는 것과 상응합니다. 하지만 추가 정보 없이 그가 뉴욕에 산다는 사실 하나만으로도, 그가 어느 도시 출신인지 모를 때보다는 훨씬 나은 상황에 있는 것이지요. 같은 방식으로 출생차트 없이 어떤 사람이 쌍둥이자리인지 사자자리인지 아는 것만으로도 불같은 성격의 사수자리를 대하고 있는지 현실적인 황소자리를 대하고 있는지 전혀 모를 때보다는 그 사람에 대해 많은 정보를 갖고 있는 셈입니다.

상세한 출생차트는 사람의 성격에 대해 보다 자세한 내용을 명확하게 드러내 줍니다. 출생차트를 보면 그의 삶 속에 녹아 있는 약물 중독, 자유분방한 성행위, 불감증, 동성애, 일부다처제, 정서장애, 가족으로부터의 소외, 또는 가족에 대한 집착, 숨겨진 재능, 경력 또는 부자가 될 수 있는 잠재성 등에 대해 두드러진 경향을 알 수 있습니다. 또한 정직과 부정직, 잔인함, 폭력, 두려움, 공포와 정신적 능력에 대한 경향도 분명하게 보여 줍니다. 이와 더불어 인생의 시기에 따라 일시적으로 두드러지는 성향도 잘 보여 줍니다. 뿐만 아니라 사고나 질병에 대한 민감함이나 면역력도 나타나고, 알코올, 섹스,

일, 종교, 자녀, 로맨스 등에 대한 숨겨진 태도 또한 드러나는 등 그 리스트는 무궁무진합니다. 정확하게 계산된 출생차트에 비밀이란 있을 수 없습니다. 개인의 자유의지가 경험하고자 하는 본인의 결정을 제외하고는 말이지요.

그러나 이렇게 완벽하게 분석하지 않더라도 누구나 태양별자리에 대한 이해만으로도 얻는 지식이 있으며, 태양별자리에 대한 지식은 우리가 서로에게 보다 더 관대할 수 있도록 해 줍니다. 상대방의 태도가 인간의 본성에 얼마나 깊이 뿌리 내리고 있는지 이해하고 나면, 당신은 그들의 행동에 대해 보다 더 동정심을 느끼게 됩니다. 태양별자리를 알고 나면, 냉정하고 균형 잡힌 전갈자리 부모가 보기에 불안하고 안절부절못하는 쌍둥이자리 아이가 실제로는 민첩하고 영리한 아이라는 사실을 깨닫고 인내심을 갖게 됩니다. 외향적인 학생은 내성적인 교사를 이해하게 되며 외향적인 교사는 내성적인 학생을 이해하게 됩니다. 처녀자리가 모든 머리카락을 한 올 한 올 가지런히 정리해야 하고 문제들을 철저히 조사하며 해결하기 위해 태어났다는 점을 이해하면 그들의 까다로움도 참을 수 있게 됩니다. 너무 바빠서 감사할 이유를 찾지 못하고 어디로 가고 있는지 알아채지 못하며 남의 발을 밟고 서 있어도 알아차리지 못하는 사수자리의 경솔함은 말할 것도 없습니다. 사수자리가 어떤 희생을 치르더라도 진실을 말할 수밖에 없는 사람이라는 사실을 알게 되면 그들의 솔직함에 상처를 덜 받게 됩니다.

염소자리 친구가 당신이 건넨 선물에 일언반구의 감탄사도 내뱉지 않아도 당신은 심하게 상처받지 않을 것입니다. 염소자리는 마음속으로 깊이 고마워해도 그 기쁨을 공개적으로 표현할 줄 모르는 사람들이라는 것을 알고 있으니까요. 염소자리가 타인에게뿐 아니라 스스로에게도 엄격한 원칙을 들이대는 사람들이라는 것을 알면, 의무를 강조하는 그들의 고집 때문에 덜 속상해하게 됩니다. 천칭자리의 끝없는 논쟁과 우유부단함도 단지 공정하고 공평한 결정을 내리기 위해 애쓰는 그들 태양별자리의 특징이라는 것을 알고 나면 보다 더 참을 만합니다. 물병자리가 당신의 사생활을 캐려고 할 때도 그들이 인간의 내적 동기를 조사해 보고 싶은 충동을 주체

할 수 없는 사람이라는 점을 떠올려 보면 그다지 무례하다는 생각은 들지 않을 것입니다.

아주 간혹, 태양별자리는 사자자리인데 행성 대여섯 개가 물고기자리인 사람도 있습니다. 물고기자리의 영향으로 인해 사자자리 특성이 매우 억제되므로 도무지 그의 태양별자리를 추측하기 어려울 수도 있습니다. 하지만 이런 경우는 아주 드물며, 당신이 열두 개 별자리 특성을 모두 잘 알고 있다면 그 사람은 자신의 진정한 본성을 영원히 감출 수 없을 것입니다. 물고기가 아무리 사자를 숨기려고 해도 사자자리 태양별자리는 절대로 완전하게 가려질 수 없으며, 당신은 그 사람이 부지불식간에 드러내는 사자자리 특성을 잡아 낼 수 있을 것입니다.

태양별자리를 파악하려고 할 때 표면만을 대충 보고 판단하는 실수를 절대로 범해서는 안 됩니다. 염소자리라고 해서 모두 온순한 것은 아니고, 사자자리라고 해서 모두 외견상으로 타인을 지배하려고 하지도 않을 뿐더러 처녀자리라고 해서 모두 처녀는 아닙니다. 가끔 예금 통장을 여러 개 가지고 있는 양자리도 있고, 조용한 쌍둥이자리도 있으며, 심지어 실용적인 물고기자리도 있습니다. 당신의 눈을 사로잡는 한두 가지 특징 그 이상을 보아야 합니다. 화려하게 치장한 염소자리가 사교계 명사들의 인명록을 힐끔거리는 순간을 포착해야 하고, 수줍은 사자자리가 자신의 허영심이 무시당했을 때 입을 삐죽거리는 모습도 볼 수 있어야 합니다. 드물게는 경박한 처녀자리가 단지 싸다는 이유만으로 살충제를 한 상자나 사는 장면도 목격하게 될 것입니다. 조용한 쌍둥이자리여서 말은 빠르지 않을 수 있지만 머리는 제트기 같은 속도로 회전하고 있을 수도 있고, 예외적으로 검소한 양자리라도 은행에 갈 때는 선홍색 코트를 입고 불친절한 은행원에게 말대꾸를 할 수도 있습니다. 그리고 아무리 실용적인 물고기자리라도 시를 쓰거나 추수감사절 때마다 여섯 명의 고아를 초대하기도 할 것입니다. 눈을 크게 뜨고 잘 보면 어떤 별자리도 자신을 온전히 감출 수 없습니다. 심지어 애완동물도 태양별자리의 특징을 여과 없이 보여 준답니다. 처녀자리 고양이의 밥그릇을 낯선 곳에 옮겨 놓거나 사자자리 강아지를 무시하는 일이 없기를 바랍니다.

유명 인사나 정치인, 문학 작품 속의 주인공들을 대

상으로 별자리를 맞혀 보는 것도 재미있습니다. 그들의 별자리가 무엇인지 추측해 보거나 그들이 어떤 별자리 특징을 대변하고 있는지 짐작해 보세요. 이런 작업을 통해 당신의 천문해석학적인 재치는 더욱 예리해질 것입니다. 만화책의 주인공들도 시도해 볼 만한 대상들입니다. 찰리 브라운은 분명히 천칭자리일 것이며, 루시의 경우에는 동쪽별자리는 양자리이고 달별자리는 처녀자리에 태양별자리가 사수자리일 확률이 높습니다. 스누피는 누가 봐도 물병자리 개입니다. 희한한 스카프를 두르는가 하면 제1차 세계대전 당시의 비행기 조종사 헬멧을 쓰고 개집 위에서 붉은 남작*에 대한 상상의 나래를 펼치고 있는 걸 보면 틀림없습니다.(또한 해왕성과 충돌 각도를 맺고 있을 것입니다.) 이런 식으로 직접 누군가의 별자리를 생각해 보면 그 재미가 제법 쏠쏠합니다. 하지만 이보다 더 중요한 것은 태양별자리 맞히기 게임을 할 때 매우 진지하고도 유용한 것을 배우게 된다는 점입니다. 사람

* 붉은 남작(Red Baron): 제1차 세계대전 당시 전투기 80여 대를 격추한 독일 공군의 에이스 리히트호펜(Richthofen, 1892~1918)의 닉네임이다.

들의 숨겨진 꿈과 비밀스러운 소망과 참된 성격을 어떻게 인식할 것이며, 그들을 좋아하는 법과 그들이 당신을 좋아하게 만드는 법 그리고 당신이 알고 있는 그들을 제대로 이해하는 법을 터득하게 될 것입니다. 당신이 그들 마음속에 숨어 있는 무지개를 찾아 나설 때, 세상이 더 행복해지고 사람들이 더 멋져 보이게 됩니다.

인생에서 가장 중요한 부분은 타인을 제대로 이해하는 것 아닐까요? 링컨 대통령이 이런 점에 대해 아주 간단하고 명백하게 말한 적이 있습니다.

"문명의 가장 중요한 기능은 서로 익숙하지 않은 사람들 사이에서 의도하지 않은 적대 관계로 인해 발생하는 크고 작은 인간의 사악함을, 국가적으로 또는 개인적으로 바로잡는 것이다."

지금 당장 태양별자리 공부를 시작하고 터득한 내용을 신중하게 적용해 보세요. 당신이 사람들 본연의 모습을 하나씩 벗겨 낼 때마다 사람들은 당신에게 어떻게 그런 새로운 통찰력이 생겼는지 궁금해할 것입니다. 실제로 열두 개 태양별자리를 이해하는 것만으로도 당신의 삶을 바꿀 수 있습니다. 당신은 지금 단 한 번도 마주친 적이 없는 미지의 사람들을 이해하기 위한 여정을 시작하려고 합니다. 하지만 머지않아 당신은 친구들은 물론이고 낯선 이들도 더 가깝게 느끼게 될 것입니다. 정말로 멋진 일 아닌가요?

당신을 알게 되어 행복합니다.

린다 굿맨

사수자리

Sagittarius, the Archer

11월 23일부터 12월 21일까지

지배행성 - **목성**

"살인이나 감각이 부족하다고 나를 고소할 수 있겠지.
우리 모두는 약점이 있으니까.
하지만 난 절대로 사기죄로 고소를 당한 적은 없다구!"

사수자리를 알아보는 방법

"저 언덕 꼭대기에 오르면 정원이 훨씬 잘 보이겠지?
이 길로 가면 곧장 올라갈 수 있겠어.
그런데 아니, 이어진 길이 아니잖아….
하지만 결국 거기로 이어질 거야.
그런데 길이 정말 이상하게 굽어 있어!
그렇다면 다른 길로 가 봐야겠어."

사수자리를 찾는 일이 쉽다고 생각하시나요? 그렇지 않습니다. 사수자리를 찾는 일은 '매우' 쉽습니다. 아무 파티에나 가서 가장 활기 넘치는 그룹의 한복판을 보세요. 행복하게 앉아서 말실수를 하고 있는 사람이 보이죠? 실언을 해 놓고도 정작 본인은 그것을 아직 깨닫지 못하고 있는 저 사람이 사수자리입니다. 자신의 말실수를 알아차리고 나면 약간은 당혹스러워하겠지만, 그 주변에 있는 사람들은 이미 화가 나서 그를 노려보고 있을 것입니다.

이 사수자리는 당신에게 다가와서 친근하게 등을 툭 치며 얼굴에 씩 미소를 지을 것입니다. 그러고는 이런 식으로 인사를 건넵니다. "그 나이에 어떻게 그런 동안을 유지하고 계세요?" 아니면 "그 터틀넥 스웨터가 정말 멋지네요. 매일 입으시는 게 좋겠어요. 당신의 이중 턱을 잘 가려주는데요?" 이렇게 유쾌하게 말문을 튼 그는 여전히 얼굴에 환한 미소를 띠고 있지만, 당신은 얼굴이 약간 굳어지겠지요. 그는 방금 자신이 한 얘기가 당신을 다소 언짢게 했다는 사실을 알아차리는 데에 시간이 좀 걸릴 것입니다. 그리고 당신이 언짢아진 이유를 이해하는 데까지는 그보다 조금 더 시간이 걸리겠지요. 그 다음에는 해명하려고 할 것입니다. 당신은 이럴 때 침착함을 잃으면 안 됩니다. 상황이 더 악화될 테니까요.

그 사수자리가 의미한 바를 아직 이해하지 못하셨다고요? 그는 당신이 38살인데(당신의 실제 나이보다 6살이나 더 많다고 생각한 겁니다.) 25살처럼 보이는 것이 놀랍다는 의미였습니다. 이중 턱에 대해서 말하자면요. 당신 나이쯤에는 턱에 살이 찌는 사람들이 많죠. 고개를 돌릴 때 옆에서 보면 턱이 두 개로 도드라져 보입니다. 그러니 옆모습 사진을 찍을 때 조심해야지요.

이제 그 사수자리는 자신의 말실수를 조심스레 해명할 것입니다. 그렇게 당신의 기분을 다시 좋게 만든 뒤에는 최신 브로드웨이 뮤지컬의 멜로디로 유쾌하게 휘파람을 붑니다. 다음에 그를 만났을 때 당신이 모른 척을 하면 그는 마음에 큰 상처를 입고 당황스러워할 것입니다. 사수자리식 농담에 화를 내거나 당황스러워할 필요는 없습니다. 사수자리는 전혀 악의가 없으니까요. 다만 사람들을 깜짝 놀라게 만드는 솔직한 말을 아주 순진하게 불쑥 내뱉는 것뿐이랍니다. 게다가 상황을 개선시켜 보려고 무언가를 하면 할수록, 이미 상처 입은 상대방에게 모욕까지 더해 준다는 것을 자신은 모르고 있답니다. 그러니 너무 가혹하게 판단하지는 마세요. 고의는 아니었으니까요. 그렇다고 당신이나 제가 사수자리를 동정할 필요도 없습니다. 사수자리는 눈치는 좀 없지만 매우 총명한 두뇌와 높은 식견을 갖추고 있습니다. 위트와 지능 그리고 열정적인 추진력이 독특하게 결합되어서, 종종 성공한 사람들의 대열에 끼고는 합니다. 우리를 화나게 하는 것은 여성이건 남성이건 사수자리들이 자기의 퉁명스러운 말투를 의식하지 못한다는 점입니다. 사수자리는 자신이 세상에서 가장 외교적인 사람이라고 진심으로 자부하고 있답니다. 이들은 항상 "난 절대로, 어떤 이유로든지 남에게 상처는 주고 싶지 않아요. 그래서 특별히 조심하는 편입니다."라고 말합니다. 진정으로 그렇게 믿고 있지요. 실제로 사수자리의 행동은 정말 정직합니다. 어떤 형태로든 가식이나 기만은 이들을 경악하게 만든답니다.

사수자리를 신체적인 특징으로 알아보는 일은 어렵지 않습니다. 키가 상당히 크고, 골격이 좋으며, 이마가 좌우로 넓은 사람을 찾아보세요. 개방적인 성격에 명랑하며, 친구를 잘 사귀고, 생각을 교환하는 데 능하며, 대체로 동작은 빠른 편입니다.(동작이 느리고 신중한 사수자리도 있습니다.) 보통은 동작이 커서 극적이고 혈기왕성해 보이지만 그리 우아해 보이지는 않습니다. 사수자리는 말을 강조하려고 팔을 들어올리다가 옆에 있던 꽃병을 쓰러뜨리기도 합니다. 이들은 마치 결의에 차 있는 듯한 큰 걸음으로 머리를 높이 쳐들고 걷다가 그만 보도 블록에 걸려서 넘어지기도 합니다. 이럴 때 서류 가방이 열려 서류들이 길거리에 사방으로 흩어지기도 하지요.

목성을 지배행성으로 하는 사수자리의 눈은 참새처럼 초롱초롱하고 신선한 농담을 들으면 반짝거립니다. 사수는 키가 아주 크고 몸이 탄탄하거나, 평균보다 키가 작고 아주 다부집니다. 키가 큰 사수자리는 혈통 좋은 말이나 기백이 넘치는 어린 망아지를 연상시킵니다. 특히 젊은 시절에는 말의 갈기처럼 머리카락이 이마 쪽으로 자꾸 흘러내리는 사수자리가 많이 있습니다. 그래서 머리를 흔들거나 무심결에 손으로 머리를 뒤로 쓸어 넘기는 버릇이 생기는데, 이 버릇은 나중에 어른이 되어 새로운 머리 스타일에 적응하거나 숱이 많이 적어질 때까지도 남아 있습니다.

사수자리는 대부분 가만히 있지 못합니다. 가만히 앉아 있거나 가만히 서 있는 것을 싫어합니다. 두드러진 자신감이나 전통적인 행동 양식을 무시하는 경향은 차치하더라도, 사수자리는 신체적으로도 눈에 잘 띄는 편입니다. 늘 어딘가 뚜렷한 행선지가 있는 것처럼 걷습니다. 일말의 머뭇거림도 찾기 힘듭니다.(하지만 충돌하는 동쪽별자리가 있다면 걸음걸이가 약간 느릴 수도 있습니다.)

첫 대면에서 사수자리는 말 위에 앉아 있거나 개를 데리고 산책하고 있는 경우가 많을 것입니다. 사수자리는 동물에 대한 애정이 각별합니다. 사수자리인 프랭크 시나트라가 거리에 누워 있는 다친 개를 보고 운전사에게 차를 멈추라고 한 적이 있다고 합니다. 한가로운 외출도 아니고 텔레비전 방송국에 리허설을 하러 가는 길이었답니다. 불행히도 연주자들, 감독, 카메라 스태프 모두는 이 가수가 다친 개를 수의사에게 데려가서 며칠 후면 완쾌될 거라는 확답을 받고, 개 주인을 찾아 줄 때까지 기다려야 했다고 합니다.

출생차트에 충돌하는 행성이 있는 경우라면 동물을 병적으로 무서워할 수도 있지만 흔한 경우는 아닙니다. 목성의 지배하에 태어난 사수자리들은 일반적으로는 아무것도 두려워하지 않습니다. 전형적인 사수자리는 운동 경기나 일 또는 취미 생활에서 위험한 것에 끌리는 경향이 있습니다. 위험 요소 자체가 사수자리를 흥분시키고 도전 의식을 불러일으킵니다. 속도도 물론 좋아합니다. 빠른 자동차, 비행기, 그리고 롤러코스터는 이들을 자석처럼 끌어당깁니다. 저돌적인 시험 비행사 중에는 사수자리가 많습니다. 사수자리는 보통 신체적이든 감정적이든 일종의 아슬아슬한 상태를 좋아합니다. 그런 상황은 사수자리에게 생기를 한껏 불어넣어 주니까요. 그것이 무엇이든 간에 스릴을 만끽할 기회가 생기면 절대로 놓치지 않는 사람들입니다.(동쪽별자리에 소심한 별자리가 있다면 목성의 이런 대범함은 다소 약화됩니다.)

사수자리의 전설적인 퉁명스러운 화법과 전갈자리의 잔인한 화법에는 차이가 있습니다. 전갈자리는 어떤 파급 효과가 올지 정확하게 알고 있지만 타협을 거부하고 진실을 말합니다. 반면에 사수자리는 자신의 솔직함 때문에 저절로 말이 나오는 셈이라서, 입을 여는 순간에는 다가올 파급 효과를 전혀 눈치 채지 못합니다. 전갈자리는 자신의 말로 인해 당신이 상처를 받아도 전혀 죄책감을 느끼지 않습니다. 진실은 어디까지나 진실인지라, 당신이 진실을 감당할 수 없었다면 처음부터 의견을 묻지 말았어야 합니다. 하지만 사수자리는 자신이 정말로 당신에게 상처를 주었다는 것을 알아차리면 자신의 신중하지 못한 모습에 몹시 실망합니다. 당신이 사수자리 때문에 극도로 화가 난 상태가 아니라면, 그가 이렇게 후회하고 있는 모습을 보고는 마음이 어느 정도 누그러지기 마련이지요.

사수자리는 머리와 마음속에 있는 생각을 거의 실시간으로 입 밖으로 내뱉습니다. 그는 마치 여섯 살짜리 아이처럼 솔직하고 진지합니다. '진실을 듣고 싶으면 아이에게 물어라.'라는 오래된 속담이 있지요. '진실을 듣고 싶으면 사수자리에게 물어라.' 이 말도 같은 뜻을 의미하는 속담이 될 수 있습니다.

사수자리의 이런 특성을 고스란히 갖춘, 출판 분야에서 일하는 케이라는 여성이 있습니다. 주변 사람들은 "진실을 듣고 싶다면 케이에게 물어라. 단, 무슨 말이든 참을 자신이 있다면."이라고 늘 말합니다. 케이는 전형적인 사수자리일 뿐만 아니라, 출생차트 상 다른 행성들에도 사수자리의 영향이 큰 경우였습니다. '사수자리+'라고 할 수 있겠네요. 그녀는 따뜻함과 관대함이라는 전형적인 사수자리 특성이 있고, 그녀 주위에는 그녀를 진심으로 좋아하는 의리 있는 친구들이 많습니다. 물론 이

의리도 전형적인 사수의 특성이지요. 하지만 케이에게 3년 전에 벌어진 예기치 못한 사건을 이들이 이해해 주려면 그녀에 대한 만만치 않은 의리와 사랑이 있어야만 할 것입니다. 케이는 어느 날 큰맘 먹고 자기 비서에게 겨울 옷 한 벌을 사 주기로 했습니다. 혹독한 경제적 어려움을 겪고 파산 직전이었던 어린 비서는 감동해서 눈물을 흘릴 정도였습니다. 케이가 나서기 전까지 다른 사람들은 그 비서를 동정하기는 했지만 구체적으로 도움을 줄 생각은 못하고 있었죠. 이런 일은 언제나 사수자리에게 맡겨야 합니다.(이 말은 여러 가지로 해석할 수 있습니다.)

청명한 가을날에 케이와 그 비서는 쇼핑가로 향했습니다. 엘리베이터를 타기 전까지 비서는 기쁨에 들떠 어쩔 줄 몰라 했지요. 갑자기 케이가 그 비서를 한동안 이리저리 훑어보더니 단호한 말투로 제법 크게 "일단 사이즈가 큰 옷을 파는 가게부터 가는 게 낫겠다."라고 말했습니다.(엘리베이터에는 다른 사람들도 타고 있었습니다.) 신나서 들떠 있던 비서의 마음은 순간 충격으로 바뀌었지요. 비서의 약혼자는 항상 그녀에게 "통통해서 귀엽다."라고 말하곤 했습니다. 그러나 사수자리의 정직함이 비수를 날리는 순간 그녀는 완전히 뚱보가 되어 버렸습니다. 아직까지도 그 비서는 그날 엘리베이터에 있던 사람들이 자신을 호기심에 찬 눈으로 쳐다보던 일을 기억에서 지우지 못하고 있습니다. 하지만 그 순간에는 다른 걱정을 하고 있었습니다. 혹시 약혼자도 속으로는 자신을 돼지라고 생각하고 있는 건 아닐까 하고요. 착한 케이는 상황을 수습해 보려고 농담을 했습니다. "거기서도 맞는 걸 못 찾으면 캠핑 코너에서 텐트라도 입어 보지 뭐." 사수자리는 자신의 농담에 폭소를 터뜨렸습니다. 엘리베이터에 있던 다른 사람들도 마찬가지였죠.

케이는 비서와 함께 따뜻하고 자비로운(?) 외출을 다녀온 다음, 곧바로 의사에게 금주하라는 경고를 받았던 출판사 사장을 위로해 주었습니다. 간염 증세가 있기 때문에 꼬박 1년 동안 술을 단 한 방울도 마시지 말라는 지시였습니다. 사장은 술에는 눈길 한 번 주지 않고 12개월을 보내고는 자신의 의지력에 굉장한 자부심을 느끼고 있었습니다. 케이가 사장에게 전형적인 사수자리식 칭찬을 했습니다. "사장님, 금주 말이에요……."

라면서 케이가 대화를 시작했고, 사장은 미소를 지으면서 듣고 있었습니다. "열두 달 동안이나 술을 끊으려고 노력 중이시라면서요?" 노력 중이라고? 벌써 열두 달 동안 술을 입에 대지도 않았는데 겨우 노력 중이라고? 사장이 겨우 평정을 되찾자 케이가 계속 말을 이었습니다. "근데 내일 조의 출판 기념회가 있는 거 아시죠? 사장님께 충고해 드릴 게 있었는데, 계속 누군가와 같이 계셔서 말씀을 못 드렸어요." 사장에게 충고를? 도대체 무슨 충고를? 사장은 새로운 협박에 당황해서, 방금 전에 느꼈던 분함은 잊고 말았습니다. "저희들은, 음, 좀 말씀드리기 당황스럽긴 한데, 사장님이 그 파티를 망치지 않았으면 해요." 이쯤 되니 사장은 할 말이 없어졌습니다. 하지만 사수자리는 아니죠. "제 말은, 사장님께서 술을 마시지 않는다면서 분위기를 망치지 말았으면 좋겠다는 거예요. 조는 마티니를 좋아하고, 무엇보다도 조의 책이 문학협회 상을 받았잖아요. 사장님이 끔찍한 질병을 앓고 있다는 이유로 마치 수용소 탈주범처럼 사람들을 피해 어슬렁거리면, 파티에 찬물을 끼얹는 셈이잖아요. 그런데 간염은 같은 공간에 있기만 해도 옮을 수 있는 거 아니에요?"

　사장은 겨우 떠듬떠듬 간염은 전염되지 않으니 안전하다고 말해 주고, 상처받은 자존심을 겨우 추스른 다음, 자신이 헤밍웨이 같은 저자들에게도 아무런 사고 없이 출판 기념회를 열어 줬다는 사실을 상기시켜 주었습니다. "사람들은 내가 아주 사교적이고 매너가 훌륭하다고 하던데?" 사장은 어금니를 꽉 물고 차분하게 말했습니다. 사수자리 케이는 사장이 졸도 직전 상태인 줄도 모르고 진심으로 그의 말에 동의했습니다. "그거야 그렇죠. 정말 탁월한 파티 호스트이시죠. 그런데 출판계에서는 정말이지 아무도 이해를 못해요." 사장은 겨우 남아 있는 숨을 쉬면서 뭘 이해 못하는지 물었습니다. 마침내 사수자리는 쐐기를 박는 말을 던졌습니다. "사장님이 호스트로는 그렇게 훌륭한데 왜 손님으로는 그렇게 형편없는지 그걸 이해 못한다는 거죠. 사장님이 주최하시는 파티는 정말 기막히게 훌륭한데, 왜 남의 파티에만 가시면 그렇게 어처구니없는 실수를 하시는지 그게 정말 이상하단 말이죠."

　이때 케이는 뭔가 이상한 점을 발견했습니다. 사장

의 얼굴이 보라색으로 변하고 있었죠. 갑자기 뉘우치는 마음이 밀려온 친절한 사수자리는 지체 없이 사과했습니다. "어머나, 제가 말실수하지 않았나 모르겠네요. 사장님이 어떻게 행동하시든 별로 중요하지는 않죠. 조는 사장님이 정말 멋진 분이라고 생각해요. 오늘 사무실에 와서, 비록 자기의 예전 에이전트가 반대하기는 하지만, 우리랑 일하게 되어서 무척 기쁘다고 하더군요. 그 에이전트가 사장님에 대해서 왜 그렇게 안 좋은 얘기를 하는지 이해가 안 간다면서요. 저는 사람들이 그저 질투하는 거라고 했죠. 그런데 사장님 안색이 별로 안 좋아 보이시네요. 그 의사가 제대로 처방을 내리긴 한 거예요?" (케이의 사장은 그날 밤부터 매일 술을 마시고 있다는 소문이 있습니다.) 그 사수자리는 어떻게 되었냐고요? 여전히 그 회사에서 즐겁게 새로운 저자들의 긴장을 풀어 주고 있습니다. 해고되지 않았냐고요? 사장은 케이를 해고할 엄두를 못 낸답니다. 앞에서 제가 말했듯이 다들 그녀를 사랑하는걸요.

사수자리에게 오랫동안 분노의 감정을 품고 있을 사람은 거의 없습니다. 악의가 전혀 없다는 것이 명백하니까요. 언제 어디서나 이렇게 사랑스럽고 똑똑한 이상주의자를 볼 수 있습니다. 부주의하게 화살을 쏘아 대서 초대 손님들을 할 말 없게 만들고 어쩔 수 없는 솔직함으로 경악하게 만드는 사수자리를 일요일 밤 텔레비전 화면에서 만날지도 모릅니다. 아니면 월요일 아침 택시 안에서 팁을 인색하게 주는 사람들을 험담하는 택시기사를 만날 수도 있지요. 혹은 금요일 저녁 식당에서 굴 요리는 상태가 별로이니 주문하지 말라고 귀띔해 주는 웨이터를 보게 될지도 모릅니다.

사수자리 대부분 진심으로 당신을 즐겁게 해 주려고 애씁니다. 적어도 시작은 그렇습니다만, 가끔 그 좋은 의도가 목적을 달성하지 못하는 경우가 있습니다. 예전에 제 사수자리 매니저는 제가 머리를 감지 않았거나 1주일 이상 머리를 세팅하지 않았을 때만 골라서 제 머리가 평소보다 훨씬 멋지다면서 기분을 북돋워 주려고 애썼습니다. 하지만 그와 아직도 좋은 친구로 지내는 걸 보면 사수자리에게 화를 내 봤자 소용없다는 것을 알 수 있습니다. 게다가 가끔 사수자리는 정말 재미있는 얘기로 당신의 기분을 한껏 풀어 줘서 그간의 과오가 빚은 모든 불미스러운 앙금을 보상해 주곤 합니다. 사수자리의 견해를 시간을 들여서 잘 분석해 보면, 이들이 깊이 있고 현명한 조언을 해 줄 수도 있다는 것을 알 수 있습니다. 사수자리는 불의 별자리이므로 대부분은 외향적이고 말도 많고 진보적입니다. 수줍음이 아주 많은 사수자리도 간혹 있지만, 이런 경우에도 독창적인 아이디어가 많고 역시나 퉁명스럽게 말합니다. 은둔을 즐기고 온순하고 조용해서 약간 특이해 보이는 사수자리라도 실제로는 누구보다 원대한 꿈을 품고 저 높은 곳에 있는 목표를 추구하고 있을 수 있습니다. 내성적이든 외향적이든, 사수자리는 모두 뼛속 깊이 선동가 기질이 있습니다. 보기 드물게 말수가 적은 사수자리라도 마음속으로는 어마어마한 계획을 품고 있을 것입니다. 그는 입은 가만히 있어도 머리는 아주 바쁩니다. 그러니 차후에 그가 선보일 깜짝 놀랄 만한 행동에 대비하려면, 그 사람의 내면에 사수자리 기질이 자리 잡고 있다는 점을 기억해 두세요.

전형적인 사수자리는 평소에는 행복하고 즐겁게 지내지만, 만약 자신의 천성인 친절함을 악용하려고 하거나 무리하게 친해지려고 하는 사람들에게 둘러싸여 스트레스를 받으면 마치 하늘을 향해 쏘아올린 로켓처럼 화를 낼 수도 있습니다. 사수자리에게서는 고루한 사회와 권위에 저항하는 성향도 흔히 볼 수 있습니다. 사수자리는 싸울 때에나 도움을 요청받을 때에나 절대로 도망가지 않습니다. 사수자리 여성이라면 자신의 유쾌한 기질은 잠시 접어 두고 평소답지 않게 침착한 말을 쏟아내서 상황을 무마할 수도 있습니다. 하지만 남성이라면 상대방에게 조소를 날리면서 주먹을 쓰기도 합니다. 무례하고 모욕적인 행동으로 목성의 선한 본질에 도전하는 사람은 종종 길거리 한복판에 대 자로 뻗어 있는 자신을 발견하고는 도대체 무슨 일이 있었는지 어리둥절해하는 경우가 있습니다.

고결한 사수자리는 정직하지 못하다는 비난을 정말 참기 힘들어합니다. 누군가가 자신의 진실함을 부당하게 모함하거나 중상모략을 하면 당연히 분노를 터트립니다. 하지만 전형적인 사수자리라면 불같이 화를 내고는 후회하면서 상황을 수습하려고 합니다. 당신의 눈을 멍들게 하고 당신을 병원에 입원시킬 수도 있지만, 그

다음날에는 꽃다발과 위로의 카드를 보낼 것입니다. 대체로 사수자리는 말과 행동이 앞섭니다. 그리고 결과는 나중에 생각하죠.

대부분의 사수자리는 무대에 오르기를 좋아하며, 열광하는 관중으로부터 끊임없는 갈채를 받을 때 가장 행복해합니다. 순전히 열광적인 퍼포먼스를 위해 목이 쉬도록 노래를 하거나 맨발로 춤을 추기도 합니다. 쇼 비즈니스 세계에 사수자리들이 많을 수밖에 없죠.

사수자리는 특히 젊은 시절에는 종교적 색채를 강하게 드러내기도 합니다. 교회 일에 열정적인 관심을 갖겠지만, 나이가 들면서 교리에 의심을 품게 되고 이전의 믿음에 의문을 제기하면서 보다 더 완벽한 가치를 추구하려는 경향이 있습니다. 또한 사수자리는 대부분 여행 가방 세트를 가지고 있습니다. 여행을 좋아하는 사수자리는 군데군데 헤진 여행 가방을 적어도 한 개쯤은 가지고 있을 테고, 가방을 열어 보면 언제라도 떠날 수 있도록 만반의 준비가 되어 있을 것입니다.

순진하고 용감하고 낙천적인 사수자리에게는 어린 아이처럼 유치한 구석이 있습니다. 이들은 인생을 진지하게 받아들이지 않으려고 하는 경향이 있기는 하지만, 일부는 나이가 들면서 놀라운 성실함을 발휘하며 자신의 책임을 다하기도 합니다. 그러나 사회적 책임을 다한다고 해서 진정한 행복에 도달하지는 않습니다. 목성의 본성 자체가 어디에 얽매이는 것을 싫어하기 때문에 사회적 책임을 과도하게 강요받으면 심각한 질병이 생기기도 합니다. 만약 사수자리가 이러한 사회적 책임을 마냥 버려 내고 있다면 에너지가 분산되고 약해져서 쇠약한 늙은이처럼 살아가게 될 것입니다. 사수자리는 중년을 지나 노년을 맞이할 때까지도 계속 잘 관리만 한다면, 오히려 나이와 더불어 점점 더 예리하고 노련해질 것입니다. 노망이 날 걱정은 별로 없습니다.

신체적으로 예민한 부위는 엉덩이, 폐, 간, 팔, 손, 어깨, 장 그리고 발입니다. 스포츠와 야외 활동을 좋아하는 사수자리의 성향 때문에 부주의하고 과도한 활동으로 사고가 발생할 수 있습니다. 그래도 병원에 며칠씩이나 입원해 있는 것은 불가능합니다. 이들은 질병에 굴복하는 것을 몹시 싫어해서 놀라운 회복 속도를 보이기도 합니다. 어떤 상황에서도 삶이 이들을 영원히 좌절시킬 수는 없습니다. 이들은 언제나 내일이 어제보다 더 나을 것이라고 확신하며 오늘 역시 아주 흥미로운 하루가 될 거라고 생각합니다. 구름이 햇빛을 가릴 틈도 없이 우울한 기분이 저절로 사라지고 만답니다.

사수자리는 예외 없이 도박사의 기질이 있습니다. 출생차트 상에 신중하고 보수적인 경향이 있다면 예외일 수도 있지만, 녹색 도박판 위에 판돈을 던지는 짜릿함을 외면할 수 있는 사수자리는 극히 드뭅니다. 딜러의 손에서 달그락거리는 주사위 소리가 사수자리에게는 그리스 신화에 나오는 키르케의 노래 소리처럼 들립니다. 저항할 수 없는 유혹이지요. 출생차트 상, 행성 간에 조화롭지 않은 각도가 있는 경우에는 도박으로 돈을 날리거나 경마로 집세를 날리기도 합니다. 라스베이거스는 설탕이 파리를 유혹하듯 사수자리를 유혹합니다. 주식이나 부동산 투자에 끌리기도 합니다. 다행히 사수자리 대부분이 투기 성향을 조절하는 능력을 보유하고 있지만, 가끔은 즉석 포커 게임이나 복권으로 돈을 날릴 수 있습니다.

사수자리는 소심한 사람이든 대범한 사람이든 모

두 언제든지 사랑의 기회를 잡으려고 합니다. 사수자리는 무분별할 정도로 자유분방하게 연애에 몸을 던지지만, 결혼이라는 말이 나오면 종종 등을 돌리는 경향이 있습니다. 잠시 멈춰 서서 생각을 좀 해보지만 또다시 연애를 하고 또 실수를 합니다. 비록 사수자리가 사랑을 할 때에는 따뜻하고 멋진 사람이기는 하지만 결코 잡기 쉬운 사람은 아닙니다. 사수자리는 상징적으로 반인반마의 모습을 하고 있기 때문에 누군가가 쫓아오면 재빨리 달아날 수 있답니다. 제 발에 걸려 넘어지지만 않는다면요.

사수자리의 부정적인 특성으로는 폭력적인 성향, 음식과 술에 대한 집착이나 알코올 중독, 극도의 냉소주의로 얼룩진 총명함, 때로는 극단적인 괴벽, 그리고 비밀을 지키지 못하는 성향을 들 수 있습니다. 하지만 이와 같은 부정적인 성향이 영원한 결함으로 남지는 않습니다. 사수자리가 마음을 굳게 먹으면 언제든지 바꿀 수 있답니다. 일반적인 사수자리 남성이라면 당신이 돈을 빌려 달라고 할 때, 당신이 수치스러워할까 봐 이유도 묻지 않고, 심지어 갚아야 한다는 의무 조항도 삭제한 채로 빌려 줄 것입니다.(달이 인색한 별자리에 있다면 예외일 수 있겠지요.) 사수자리 여성이라면 고아를 입양하거나 유기견을 데려다가 키우기도 하며, 항상 식탁에 한 명이 더 앉을 수 있도록 자리를 만들어 둘 것입니다.

사수자리는 생각이나 행동을 갑작스럽게 전환하는 경향이 있습니다. 사수자리는 대의명분을 맹목적으로 받들고, 대상의 결점보다는 가능성을 더 높게 쳐 줍니다. 이런 믿음은 뛰어난 상상력과 진보적 사고 방식에서 유래합니다. 사수자리는 논쟁에서 항상 차분하고 이성적으로 자기의 주장을 펼치고, 가끔 날카로운 풍자로 상대방을 갈기갈기 찢어 놓기도 하지만, 어쨌든 대결 구도에서는 냉담함을 유지합니다. 하지만 누군가가 자신이 이룬 기적이나 그 순간의 대의명분을 부당하게 공격한다면 언제든지 분노를 쏘아 올릴 준비가 되어 있습니다. 사수자리는 가공할 만한 적이 될 수도 있습니다. 시간을 들여서 적에게 주의를 집중하고 확실히 조준하기 때문입니다. 사수자리의 화살은 대부분 목표물에 제대로 꽂힌답니다. 사수자리는 어떤 튼튼한 갑옷도 뚫을 수 있을 만큼 똑똑한 재치와 날카로움을 겸비하고 있으니까요.

비록 12월에 태어난 사람들 중에 정말 재미있는 사람들이 많이 있기는 하지만, 신기하게도 이들은 농담을 할 때 그 타이밍이 약간 빗나가서 가장 중요한 대목을 망치는 경우가 있습니다. 듣는 사람들은 그 틈에서 생겨난 어색함 때문에 박장대소하지만, 쾌활한 사수자리는 자신의 탁월한 유머 감각 덕분에 사람들이 재미있어서 웃는다고 생각합니다. 이거야말로 정말 웃기는 장면이지요.

남녀를 막론하고 사수자리는 무작정 되는대로 행동하거나, 아니면 아예 마음먹고 분수에 맞는 일만 하는 사람처럼 굴 수도 있습니다. 그래서 당신은 사수자리가 별로 예리하지도 않고, 용기도 없다는 인상을 받을 수 있습니다. 실제로 사수자리 중에 은둔하는 독특한 버릇을 가진 이들이 더러 있지만, 이런 유형의 사람들이 오히려 지력을 갈고 닦아 천재성을 발휘하기도 합니다.

사수자리는 20년 전에 자신이 했던 말과 방문했던 장소를 정확하게 기억해 내고 책이나 영화 내용도 자세히 기억하지만, 정작 방금 전에 외투를 어디에 두었는지는 잊어버릴 때가 많습니다. 장갑이나 자동차 열쇠, 지갑 같은 것을 자주 잃어버리는 경향이 있어서 어떤 사람들은 이런 말을 하기도 한답니다. "사수자리는 머리를 목에다 꽉 붙들어 매 놓지 않으면 머리도 잃어버릴 사람이다."

사수자리는 거짓말에 정말 소질이 없습니다. 아무도 사수자리의 거짓말에 넘어가지 않습니다. 사수자리는 기만이 자연스럽지 않고, 거짓말을 좀 해 보려고 해도 어느새 만천하에 들통 나기 일쑤입니다. 사수자리는 항상 진실을 추구하고 결과가 어찌 되건 소신대로 행동하는 사람이니까요. 동쪽별자리가 전갈자리인 경우가 아니라면, 잠깐이라도 누군가를 기만하면 마음이 편치 않습니다. 동쪽별자리가 전갈자리인 비밀스러운 사수자리를 한 명 알고 있는데요, 그는 체스 게임에 아주 능합니다. 예외적이기는 하지만 의외로 이런 유형의 사수자리도 가끔 만나게 됩니다.

사수자리에게 인생은 일종의 서커스이고 자신은 파란색 옷을 입고 보라색 후프를 돌리는 광대입니다. 밝고 명랑하게 얼굴을 분장하고 호기심과 재미로 눈빛을 반짝거립니다. 증기 오르간 음악 소리가 점점 더 커지면 그는 비틀거리다가 떨어지고 껑충거리다가 완벽한 포즈로 공중제비를 돌며 말 등에 내려앉습니다. 손가락에는 터키석 반지 세 개를 끼고 있고, 발에는 구름 속으로 은은하게 퍼지는 교회 종소리 같은 소리를 내는 방울을 달고 있습니다. 사수자리를 상징하는 금속은 주석입니다. 사수자리는 습기에도 잘 견디고 한없이 부드러워서 쉽게 늘여 펼 수 있는 이 반짝이는 금속으로 만든 나팔을 손에 쥐고 즐겁게 불어 댑니다. 대범하든 소심하든, 이 관대한 이상주의자의 본성은 크리스마스의 호랑가시나무 열매처럼 유쾌합니다. 넓은 가슴 위에 커다란 꽃을 달고 하늘을 향해 용감하게 활을 겨누고 있지요. 그가 정확하게 겨냥한 화살은 더 이상 보이지 않는 높은 곳으로 날아가, 수많은 별들을 지나서 세상의 모든 꿈들이 탄생하는 그곳까지 다다를 수 있습니다.

사수자리로 알려진 유명인

루트비히 판 베토벤Ludwig van Beethoven

마리아 칼라스Maria Callas

마크 트웨인Mark Twain

앤드루 카네기Andrew Carnegie

월트 디즈니Walt Disney

윈스턴 처칠Winston Churchill

존 밀턴John Milton

프랭크 시나트라Frank Sinatra

*우디 앨런Woody Allen

*장 뤽 고다르Jean Luc Godard

*스칼릿 조핸슨Scarlett Johansson

*스티븐 스필버그Steven Spielberg

*강제규

*박경림

*양현석

*이승철

사수자리 남성

"뼈가 부러지진 않으셨어요?"
하얀 기사는 뼈 한두 개쯤 부러지는 것은 아무렇지도 않다는 듯 말했다.
"별일 아니야. 말을 탈 때 중요한 기술은
내가 말하고 있다시피 균형을 잘 잡는 거야. 이렇게…."
하얀 기사는 고삐를 놓고 직접 앨리스에게 해 보이려고 두 팔을 쭉 뻗었다.
그러자 이번에는 말의 발치에 뒤로 벌렁 넘어졌다.

시작부터 당신의 의욕을 꺾고 싶지는 않지만, 사수자리 남성에게는 좀 이상한 버릇이 있습니다. 이들은 크고 하얀 말 위에 올라타고 거리를 활보하면서 칼을 휘둘러 대의명분을 수호합니다. 별난 취미가 또 있습니다. 이들은 서커스 광대처럼 데굴데굴 구르고는 코끼리나 여장 남자나 가리지 않고 어울리다가 명랑하게 솜사탕을 만듭니다.

사수자리 남성을 손에 넣으려면 특수 작전을 실행해야 합니다. 먼저 그 하얀 말에서 내려오게 하고, 코끼리들로부터 떼어 놓아야 하며, 물론 여장 남자도 집에 보내야겠죠. 그가 대의명분과 서커스를 포기하게 만들기는 정말 어려우니, 그냥 한 손에 들고 감상에 젖어 있으라고 하세요.

그래도 지금 당장 당신에게 유리한 것이 하나 있습니다. 워낙 많은 사수자리들이 여기저기 들쑤시고 다니다가 낭패를 보고는 말에서 굴러 떨어지기 때문에, 당신이 선택할 수 있는 사수자리가 제법 많답니다. 빅터 허버트*가 이런 말을 했습니다. "자신이 숭상하는 것을 위해서 당당하게 싸울 수 있는 용감한 남자를 몇 명 달라. 굳센 남자 열 명을 내게 주면 머지않아 만 명으로 불려서 되돌려 주겠다." 사수자리 남성의 이상을 향한 열정과 호기심은 전염성이 강합니다. 물론 그의 넘치는 순진함은 감당하기 어려울 때가 가끔 있습니다. 그는 미친

---

* 빅터 허버트(Victor Herbert, 1859~1924) : 아일랜드 출생의 미국 작곡가, 지휘자, 첼리스트.

듯이 들뜬 기분으로 당신을 하늘 높이 던졌다가 그만 받아 주는 걸 잊어버리기도 한답니다.

사수자리 남성 주위에는 항상 사람이 많습니다. 이것 역시 또다른 장애물이지요. 그에게 다가가려면 그 사람들을 다 뚫고 지나가야 합니다. 하지만 너무 비관적으로 생각하지는 마세요. 사수자리 남성은 지상 최고의 낙관주의자이니까요. 너무 낙관적이어서 자기의 적이 말똥을 한 통 보내 와도 별로 괘념치 않습니다. 말을 같이 보내는 걸 잊었나 보다고 생각할 뿐이지요. 물론 이런 식의 낙관주의는 위험할 수도 있습니다. 맹목적인 믿음이라고도 부를 수 있겠죠. 사수자리 남자는 엄청난 맹목적 믿음이 있습니다. 맹목적 믿음 자체가 문제 될 것은 없습니다. 저도 같은 불의 별자리로서 그것 자체에 대해서는 찬성입니다. 하지만 문제는 그런 순진한 믿음 때문에 자주 진흙탕에 빠지게 된다는 것입니다. 활과 화살을 들고 남들은 엄두도 내지 못하는 높은 목표를 향해, 혹은 상식이 있는 사람이라면 절대로 시도하지 않을 그런 높은 곳을 쳐다보면서 달리고 있을 때에는 특히 더 진흙탕에 빠지기 쉽습니다.

신뢰한다는 것은 좋은 일입니다만, 엉뚱한 사람을 신뢰한다면 아무리 말을 타고 달리더라도 속도가 느릴 수밖에 없습니다. 사수자리 남성은 엄밀하게 말하자면 몽상가가 아닙니다. 사수자리는 자기의 꿈을 목성의 총명한 논리와 강렬한 호기심으로 항상 면밀하게 검토합니다. 사수자리가 낱낱이 조사하고 내세운 꿈이라면, 세상이 아직 그것을 맞이할 준비가 되어 있지 않을지라도, 그 안에 담긴 열정만큼이나 현실적일 것입니다. 사수자리는 일단 실현될 희망이 보인다고 확신하고 나면, 페인트 통을 꺼내 와서 자기의 현실적인 꿈을 가장 생생하고 대담한 상상력으로 색칠할 것입니다. 하지만 세상에는 진보적인 아이디어를 짓밟고 이들이 스스로를 증명할 기회를 가져 보기도 전에 목을 졸라 버리려고 하는 고루한 사람들이 있습니다. 우리 주변에도 많이 있지요.

사수자리는 상상력이 너무 지나쳐서 실패를 경험할 때가 많습니다. 하지만 다행스럽게도 행운의 여신이 위기에 빠진 사수자리를 제때에 구해 준답니다. 사수자리 남성은 어이가 없을 정도로 운이 좋을 때도 있습니다. 광맥을 찾으러 산에 가서 가방 가득 주워 온 돌멩이가 금이 아니라는 걸 깨닫고는 잠시 속상해했는데, 알고 보니 우라늄인 식입니다. 당신이 지하철 역 근처에서 발밑에 있던 반짝이는 물건을 주웠다고 합시다. 그것은 아마도 반짝이는 은박 껌종이였을 것입니다. 하지만 사수자리 남성이 주웠다면 그것은 다이아몬드 회사의 사장이 서둘러 택시를 타다가 흘린 다이아몬드 조각일지도 모릅니다.

이런 식의 행운이 늘 찾아오다 보니 사수자리 남성은 당연히 낙관적일 수밖에 없습니다. 물론 돌멩이는 그저 돌멩이일 뿐이고 은박지는 그저 은박지일 뿐인 날도 있겠지만, 전형적인 사수자리는 심각한 충격을 받아도 재빨리 회복합니다. 사수자리 남성은 사랑에 대해서도 이런 식입니다. 운이 좋지요. 하지만 운이 나쁠 때에도 빨리 회복합니다. 그는 정직하지 않은 사람을 싫어합니다. 그 누구를 막론하고 차별 없이 부정직한 것에 맞서기 때문에, 사수자리 주변에는 친구가 많고 호의를 베푸는 사람이 많습니다. 사수자리 남성은 사람들의 겉모습 너머에 있는 보다 더 진실하고 본질적인 가치를 본답니다. 그렇다고 적이 아예 없는 것은 아닙니다. 다만 다른 별자리보다는 훨씬 적은 편이죠. 사수자리의 너무 솔직한 말 때문에 상처 입은 사람이라면 그를 노려보면서 목이라도 조르고 싶은 심정이겠지만, 결국에는 그에게 악의가 없다는 것을 알아차리게 됩니다. 사수자리 남성에게 죄가 있다면 그것은 기교가 없다는 점과 생각이 없다는 점이지만, 그는 절대로 의도적으로 잔인한 행동을 하지는 않습니다.

자, 이쯤 되면 사수자리의 말이 그를 상징하는 화살처럼 직설적이라는 점을 이해하셨을 것입니다. 당신이 사수자리 남성과 사랑에 빠지면, 그가 뱉는 충격적인 말도 용서하게 됩니다. 예를 들어, 방금 전에 처음 만난 어떤 사수자리 남성이 당신을 빤히 쳐다보면서 당신은 남자들이 정부로 삼을 만한 여성이라고 말한다면 당신은 당연히 화가 날 것입니다. 당신이 막 따귀를 날리려는 찰나에, 그는 소년처럼 순진무구한 표정으로 자신의 말이 무슨 뜻인지 솔직하게 설명하기 시작합니다. 그러니까 중세 시대의 왕과 고위 관료들은 정략결혼을 했기 때문에 그들의 아내는 혈통은 좋지만 못생기고 재미없는 사람들이었고, 반면에 정부는 아름답고 똑똑하며 그들이 정말 사랑해서 법이 허락했다면 당장 결혼을 했을 여인이라는 것입니다. 그는 역사에 관심이 많은데 그런 내용을 책에서 읽은 적이 있다고 얘기합니다. 당신은 노여움이 가라앉으며 심지어 약간 으쓱한 기분까지 듭니다. 실제로 깊이 감명받을 때도 있습니다. 어떤 남자가 자신과 별 관련도 없는 옛날 역사 이야기를 시간을 들여서 읽어 보겠습니까? 어쩌면 그는 천재인지도 모릅니다. 당신이 아주 이지적인 남자의 아내가 될 수도 있다는 생각을 해 보세요. 아니, 그 이지적인 남자의 정부가 될 수도 있는 거죠. 사수자리 남성이 그 똑똑한 두뇌로 당신을 너무 행복하게 해 줘서 반쯤 넋이 나간 상태가 될 즈음에, 당신은 물론 그런 상태를 전혀 깨닫지 못하겠지만, 그가 처음에 한 제안에 고개를 끄덕이게 되고, 그러는 사이 그는 재빨리 당신 집으로 이사를 들어오고 당신은 이제 그에게 완전히 넘어가 버립니다.

물론 모든 여성들이 그런 뻔한 속임수와 어설프기 짝이 없는 설명에 넘어가는 것은 아닙니다만, 이것은 별로 중요하지 않습니다. 사수자리의 희생양이 된 사람은 처음에는 분노로 폭발할 수도 있지만, 화가 가라앉고 나면 결국 다시 사수자리의 친한 친구로 돌아옵니다. 그러니 이 악의 없어 보이는 사수자리 남성이 당신에게 얼마나 위험한지 아시겠지요? 이 솔직하고 순진한 미소를 짓는 사수자리 남성은 전혀 늑대처럼 보이지 않습니다. 오히려 보이스카우트 대장처럼 보이지요. 하지만 연애 문제에 관해서라면 절대로 보이스카우트가 아니랍니다. 이 남성이 하이킹을 가자고 제안할 때는 이 점을 염두에 두시는 것이 좋을 것입니다.

사수자리 남성은 연애를 가볍게 하는 편이지만 적어도 그런 자신의 태도를 숨기지는 않습니다.(당신이 정신을 차리고 잘 생각해 보면 분명히 그가 정부라고 했던 말을 기억할 것입니다. 아내라고 하지 않았지요. 그는 왕이 아니랍니다. 지금이 중세 시대도 아니고요.) 사수자리 남성은 가벼운 관계를 원합니다. 때로는 너무 가볍게 만나기 때문에 바람을 피우는 거나 다를 바가 없기도 합니다. 가끔 사수자리의 이런 기만은 전갈자리에게 수치심을 안겨 주기도 하는데, 그런 경우에 사수자리는 만만치 않은 대가를 치러야 할 것입니다.

다시 사수자리의 정직함에 대한 이야기로 돌아가 봅시다. 당신이 쓰라린 경험을 통해 남자들이 바치는 영원한 사랑의 맹세가 얼마나 가소로운 것인지 이미 알고 있다면, 오히려 사수자리의 솔직함을 좋아하게 될 것입니다. 사수자리 남성이 자신의 과거 연애사를 읊어 대고 당신과의 연애에서 기대하는 바를 반박하기 힘들 정도로 명확하고 논리 정연하게 펼쳐 보여도 당신은 위축되지 않을 것입니다. 사수자리 남성은 마음에도 없는 결혼에 발목 잡히는 경우는 별로 없는데, 어떤 이유에서인지 불장난에 휘말려서 (주로 여성 쪽에서) 청혼까지 가는 경우가 많기 때문에 결혼 서약을 피해 줄행랑을 쳐야 할 때가 있습니다. 물론 어수룩한 사수자리 남성은 어딘가에 걸려 넘어질 테고 멀리 도망가기 전에 여성에게 잡힐 것입니다. 이런 경우에 사수자리 남성은 곰곰이 생각해 보다가 터무니없는 결론을 내립니다. 자기 덜미를 잡으려는 여성이 어떤 면에서는 매력이 있으므로(육체적으로든 아니면 정신적으로든 간에 상관없습니다.) 다른 쪽에서도 매력적인 사람이 될 것이라고 생각을 하는 것이죠. 결국 그는 포기하고 결혼을 합니다. 이렇게 또 이혼의 씨앗을 뿌리는 셈입니다. 사수자리가 연애 관계에 발목이 잡히면 평소에는 믿을 만하던 그의 논리력이 온데간데없이 사라지고 맙니다.

　여성들은 종종 사수자리의 태도를 잘못 이해해서 두 사람이 상당히 진지한 관계라고 생각할 때가 있습니다. 그래서 사수자리 남성이 육체적인 관계가 없는 가벼운 친구를 찾아다닐 때에도, 여성들은 그가 은밀한 관계를 원한다고 생각합니다. 그 결과 친구도 애인도 되지 못하는 경우가 생깁니다. 하지만 사수자리 남성은 운이 좋아서 엉망으로 얽힌 상황들이 대체로 잘 해결됩니다. 그가 바람둥이라는 사실은 부정할 수 없지만, 결코 섹스만을 추구하는 것은 아닙니다. 그는 다양한 정신적 자극을 좋아합니다. 단순히 기분 전환 삼아 만났는데 상대 여성이 너무 적극적으로 다가오면, 사수자리 남성은 모든 것을 그냥 농담으로 웃어넘기려고 합니다. 물론 앞에 앉은 여성이 그의 농담에서 핵심을 알아차릴 리가 없습니다.(전형적인 사수자리들은 농담을 할 때 별로 성공하는 경우가 없다는 것 기억하시지요?) 사수자리 남성은 예쁜 여성들에게 늘 작업을 건다는 비난을 받을 때가 많습니다. 안내 데스크의 예쁜 여직원이나 모퉁이 가게에서 신문을 파는 꼬부랑 할머니, 심지어 여자 경찰에게도 작업을 건다는 오해를 받습니다. 하지만 어떤 남자도 여자 경찰이 공무 수행 중일 때 진지하게 작업을 걸지는 않습니다. 그러니 사수자리 남성에 대한 사람들의 의심은 부당한 것이지요. 냉정하게 보자면 대부분의 경우 사수자리 남성은 여성들에게 그저 쾌활하고 친절하게 대하는 것뿐입니다.

당신이 똑똑한 여성이라면(실제로 똑똑해야 합니다. 사수자리 남성은 여성이 머리가 좋아야 한다고 주장하거든요.) 이제 이해가 되실 겁니다. 질투하지 마세요. 의심할 필요도 없습니다. 나중에 그를 매달아 놓고 싶다면 로프나 많이 준비해 두세요. 질문도 하지 말고 울지도 말고 잔소리도 하지 말고 떠나겠다는 협박도 하지 마세요. 자유를 마음껏 누리게 하세요. 사수자리 남성에게 자유가 얼마나 중요한 것인지 생각해 보세요. 당신이 그 사람과 같은 태도로 인생을 대하고 사람들을 있는 그대로 받아들인다면, 사수자리 남성이 원하는 이상형의 아내가 될 기본 조건은 갖춘 셈입니다. 기본적으로 두 사람이 서로에게 정직하기만 하다면, 함께 연을 날리는 것도 재미있어 할 것입니다. 연이 언제 바닥에 곤두박질칠지 왜 걱정하고 계세요? 연은 그 자체로 아름답고 자유롭게 하늘

높이 올라가는걸요. 사수자리 남성에게 그가 원하는 모든 것을 줄 필요는 없습니다. 그저 그가 원하는 사람이 되세요. 눈을 크게 뜨고 그가 당신을 이끄는 대로 따라가 보세요. 스포츠를 즐기세요. 세인트 버나드를 호위견으로 데리고 함께 캠핑을 가세요. 그에게 관대해지라고, 다정하게 대해 달라고 채근하지 마세요. 매일 밤 후식을 만들어 달라고 주방에 그를 가두어 두지 마세요. 하지만 또한 그 사람도 당신을 독차지할 수 없다는 점을 분명히 밝혀 두세요. 당신도 그와 똑같이 자유로운 영혼이라는 사실을 깨닫게 해 주세요. 그의 열정적인 아이디어에 찬물을 끼얹지 말고, 그가 밖에 나가서 불가능한 목표를 향해 화살을 날리는 동안 당신도 바쁘게 움직이도록 하세요. 그렇게 하면 어느 달콤한 밤에, 자신이 여성에게 원하는 모든 것을 당신이 가지고 있다고 솔직하게 고백할 것입니다. 이쯤 되면, 당신도 솔직하게 그를 괜찮은 사람으로 생각한다고, 하지만 이제 결정을 내려야 할 때라고 얘기하세요. 그를 무척 좋아하고 있으니, 그가 당신의 자유를 침범하지만 않는다면 결혼도 고려해 보겠다. 그렇게 하지 않으면 둘이 함께 캠핑 갈 기회가 다시 찾아오지 않을 것이다. 둘만으로도 정말 잘 맞지만 아이가 생긴다면 어떨까 항상 궁금했다. 모성애라는 연을 날려 보고 싶다. 이렇게 얘기하는 중간에 옛날 남자친구가 전화를 걸도록 미리 준비해 두세요. 그리고 그 사수자리 남성 앞에서 옛날 남자친구의 데이트 신청을 아무렇지 않은 듯이 수락하고, 전화를 끊을 때 밝게 웃으면서 옛날 남자친구와 좋은 친구로 지내지 않을 이유가 없다고 말하세요. 당신이 데이트 할 때 사수자리 남성을 함께 초대해서 그가 혼자서 시간을 보낼 필요가 없게 해 주세요. 그러면 됩니다.(감사 인사는 사양할게요.)

결혼을 하고 나면 시댁과는 전혀 문제가 없을 것입니다. 사수자리는 대부분 가족 행사에 지나칠 정도로 무관심합니다. 혈육이기 때문에 사랑한다는 평범한 진리도 사수자리 남성에게는 통하지 않습니다. 사랑받을 자격이 없는 가족에게는 적용하지 않는답니다. 부모님과 형제자매를 각별히 사랑하더라도 사수자리 남성은 적당히 거리를 유지하고 삽니다. 가족 친지들을 방문하고 따뜻한 애정을 보여 주기는 하지만 가족들이 자신의 개인적인 삶에 끼어들어 방해하는 것은 원하지 않습니다. 그러니 당신의 가족들도 간섭하지 않게 하는 것이 좋겠지요?

항상 여행 가방을 챙겨 놓으세요. 여행을 아주 많이 하게 될 것입니다. 여전히 캠핑에 세인트 버나드를 데리고 가겠지만, 더 이상 호위견이 필요해서가 아닙니다. 당신의 남편이 동물을 무척 좋아하기 때문이지요.(개에게 이제 더 이상 텐트 밖에서 보초를 서지 않아도 된다고 하세요.) 당신도 늘 바쁘게 움직이고 남편이 필요한 만큼 충분히 밖에서 시간을 보낼 수 있도록 해 주세요. 밤에도 물론입니다. 다른 여자를 만나지 않을까 절대로 의심하지 마세요. 사수자리는 화가 나면 문짝을 부수거나 벽에 구멍을 낼 수도 있답니다. 단순히 화를 발산하는 것이지만 나중에 치울 거리도 많고 기술자를 부를 때마다 민망해지니까요. 사수자리 남성에게 진실하지 못하다는 비난은 절대로 하지 않는 것이 여러 모로 좋습니다. 만약 그가 무언가 잘못했다면 스스로 당신에게 말해 줄 것입니다. 아마 그 내용만으로도 감당하기 힘들 테니 쓸데없는 상상을 하며 사서 걱정하는 일은 그야말로 낭비입니다. 둘의 관계를 잘 유지하고 싶다면 그 솔직함에 익숙해지도록 스스로를 길들이는 것이 좋습니다. 또한 그

날 들었던 이상한 소문에 귀 기울이지 말고, 그가 여전히 당신을 사랑하고 있다는 것을 받아들일 채비를 하세요. 인간의 감정에 대해서는 그 사람처럼 실용적인 태도를 갖는 것이 좋습니다. 그렇게 정직한 관계에서 얼마나 든든한 사랑이 자라나는지 알게 되면 놀라게 됩니다. 인간 관계에서는 진실만이 영원한 결속을 보장해 주지요.

당신은 가끔 시중이나 드는 여인 역할을 해야 할 때도 있습니다. 사수자리 남성은 스포츠광이어서 텔레비전에서 중계하는 모든 주요 경기를 당신과 함께 보고 싶어 할 것입니다. 또한 당신이 예쁘고 재미있고 사람들을 좋아하는 여성이라면, 그는 당신을 다양한 사교 모임에 데리고 나갈 것입니다. 사수자리 남성은 의기소침하게 남편 옆에만 매달려 있으면서 사람들과 어울리지 않는 여성을 싫어합니다. 그는 당신의 특별한 재능을 매우 자랑스러워할 테니 한두 가지쯤 재능을 키우도록 노력하세요. 책도 많이 읽어서 남편이 내세우는 주장에 대해 반박할 수 있는 준비를 해 두시고요.

사수자리 남성은 낭비벽이 약간 있고 가끔 도박도 즐깁니다. 자신에게 이런 충동이 있기 때문에 당신이 돈을 쓰는 것에 대해서도 상당히 관대할 것입니다. 아마도 당신이 뭔가를 더 사고 싶어서 일을 한다고 해도 별로 개의치 않을 것입니다.

극도로 솔직하기만 할 뿐 요령이 없는 비판도 예상해야 합니다. 지금쯤이면 익숙해져 있을 테니 그냥 넘기세요. 당신은 남편 친구들이 받은 상처를 수습해 주는 일만으로도 무척 바쁠 것입니다. 당신이 그를 이해해야 합니다. 당신이 결혼 이야기를 꺼내던 그날 밤에 이 정도는 각오하셨을 테니까요.

사수자리 남성은 아이들이 좀 크면 잘 놀아 주겠지만 아주 어린 아기라면 좀 당혹스러워할 것입니다. 사수자리 아버지는 대체로 아이들을 데리고 야외로 소풍 가는 것을 좋아합니다. 아들과 더 가깝게 지내며 스포츠나 야외 활동을 함께 즐기겠지만, 딸에게도 부드럽게 대해 줄 것입니다. 아이들은 그를 대하면서 아버지라기보다는 친구 같은 느낌을 받을 것입니다. 아이들은 점점 성장할수록 아버지와 가까워집니다. 사생활을 보장받고 싶은 아이들은 가끔씩 아버지의 솔직함 때문에 불안해하기도 할 것입니다. 자신의 비밀에 민감한 아이들이 사수자리 아버지의 직설적인 질문과 무뚝뚝한 감시 때문에 마음을 다칠 수도 있습니다. 사수자리 아버지는 아이들이 어린 시절에 저지르는 무모한 장난에 대해서 화를 내기보다는 재미있어하지만, 아버지의 포용력 덕분에 아이들은 버릇이 크게 나빠지지는 않을 것입니다. 사수자리 아버지는 자녀가 거짓말을 할 때에만 엄격해집니다. 아버지가 언짢아하는 모습을 보게 되는 드문 경우이지요. 당신이 아이들 때문에 사수자리 아버지를 소홀하게 대하면 안 됩니다. 사수자리 남편이 당신과 함께 연을 날리고 싶어 할 때는 앞치마와 고무장갑을 벗어 버리고 아기 보는 사람을 불러 놓고(친정엄마는 안 되는 거 아시죠?) 남편과 함께 떠나세요.

사수자리는 마음과 머리를 동시에 써서 생각합니다. 그는 늘 현명한 판단을 내리지는 않고, 가끔은 무모하리만큼 대범합니다. 비틀거리기도 하고 넘어질 때도 있지만 금방 일어나서 다시 시도하지요. 아마도 당신은 사수자리 남편이 어떤 행동을 해도 용서해 줄 것입니다. 당신의 남편은 진실한 사랑이라는 귀한 선물로 당신의 마음을 자유롭게 해 주었으니까요.

사수자리 여성

↗

사수자리 여성은 항상 당신이 듣고 싶어 하는 그런 친절한 말을 하지는 않습니다. 대부분의 경우 놀라울 정도로 단호한 말과 당황스러운 질문으로 당신을 난처하게 만들 것입니다. 하지만 가끔은 너무나 특별하고 멋진 말로 당신을 날아갈 듯 기분 좋게 만들어 주기도 합니다.

예를 한 번 들어 볼까요? 당신은 카페에 앉아 있습니다. 이제야 겨우 용기를 내서 그녀에게 사랑한다는 말을 하려고 하는데, 그녀가 순수한 파란 눈을(혹은 당당하고 차분한 갈색 눈을) 크게 뜨고 당신을 쳐다보더니 이런 말을 시작합니다. "그렇게 키가 작으면 기분이 어때요? 신경이 많이 쓰이지는 않아요?" 당신이 침을 꿀꺽 삼키면서 대범하게 넘기려고 할 때 사수자리 여성은 이렇게 덧붙입니다. "신경 쓰지 않아도 될 것 같네요. 키 작은 남자들도 많잖아요. 나폴레옹처럼요." 상처에 소금 치는 격이지요. 이렇게 심한 말을 하는 여자는 처음이라고 생각하면서 당신이 자리를 뜰까 하는데 그녀가 어렴풋이 이렇게 중얼거립니다. "저는 꺽다리 같은 남자는 정말 싫어요. 좀 전에 여기로 걸어오면서 눈여겨봤는데요. 우리는 키가 잘 맞는 것 같아요."

다시 편히 앉으세요. 당신은 떠나지 않을 것입니다. 아주 오랫동안 머무르게 될 것입니다. 그저 다정하고 솔직한 사수자리 여성이 그 독특한 매력으로 당신의 마음에 작은 상처 하나를 추가했을 뿐입니다. 그녀는 항상 솔직하게 말합니다. 비록 분홍빛이 약간 도는 우스꽝스러운 안경을 끼고 있더라도 세상을 있는 그대로 보기 때문입니다. 솔직히 말해 그것도 능력이라면 능력이지요.

모든 사람들이 어떤 상황에서든지 명확하고 이성적인 논리를 적용할 수 있는 것도 아니고, 상황이 좋아질 것이라고 믿는 행복한 능력을 가지고 있거나 상황을 있는 그대로 받아들일 줄 아는 것도 아니니까요.

사수자리 여성은 지나치게 낙관적입니다. 그녀가 당신에게 돈을 더 많이 벌어오면 좋겠다고 말한다면 당신은 상처를 받겠지만, 그녀는 또 이렇게 덧붙일 것입니다. "물론 너무 많은 돈은 사람들을 이기적으로 만들 거예요. 당신이 가난한 게 오히려 행운인지도 몰라요." 낙관주의치고는 좀 허술하지요. 하지만 당신은 곧 익숙해질 것입니다. 사수자리 여성은 절대로 당신에게 거짓말을 하지 않습니다. 가끔은 제발 거짓말을 했으면 하고 바랄 때도 있을 것입니다. 그녀에게 당신과 만나지 않고 지낸 며칠 동안 무엇을 했는지 물어보면, 사수자리 여성은 자세하게 말해 줄 것입니다. 지난 휴가 때 만났던 잘생긴 인턴 사원에게 썼던 편지에 대해서도 토씨 하나 빼지 않고 생생하게 이야기해 줄 것이며, 전화로 몇 번이나 데이트 신청을 거절했는지까지 정확하게 들려 줄 것입니다. 심지어 불면증 이야기를 하면서 잠을 이루지 못하고 있는 동안 어쩌면 당신에 대한 감정이 사랑이 아니라 우정이 아닐까 고민했다는 말도 해 줄 것입니다. 당신은 "제발 가끔씩은 좀 거짓말을 하면 안 되겠어요? 남자도 자존심이라는 게 있다고요!"라고 소리치고 싶을지도 모릅니다. 그렇다고 너무 크게 소리치지는 마세요. 그녀도 화가 날 테니까요. 사수자리 여성도 사람입니다. 불같이 화를 낼 때도 있지요.

사수자리 여성은 아마도 혼자 살고 있을 것입니다. 사수자리는 남녀를 막론하고 매우 독립적이며 사수자리 남녀 모두 가족과의 연대에 대해서는 이상하리만큼 냉담합니다. 어쩌면 너무 잦은 여행 때문에 가족들을 잘 알 수 있는 기회가 적어서인지도 모릅니다. 비록 여행이 영화관이나 친구네 집에 놀러 가는 일이 될 때도 있지만 아무튼 부지런히 다닙니다. 당신을 겁주려는 것은 아니지만, 제가 아는 어떤 사수자리는 가족이라는 특별하고도 미묘한 관계를 이해하지 못하는 여성이었는데요. 자신이 차 버린 전 남자친구를 신혼여행에 초대하는 황당한 일을 벌이고 말았답니다. 그 불쌍한 전 남자친구가 너무 외로워 보였답니다. 물론 여행 경비도 자신이 내겠다고 했지요. 왜 그런 눈으로 쳐다보세요? 그녀가 뭘 잘못했나요?

빨리 알아 두지 않으면 분명히 두 사람의 관계에 장애가 될 사안이 하나 있습니다. 그녀에게 무언가 시킬 때에는 부탁을 하세요. 지시는 금물입니다. 원시 시대의 남성적인 모습은 타잔과 제인에게는 먹혔을지도 모릅니다. 제인이 그것을 받아 주었으니까요. 사수자리 여성은 보호받는 것이라면 몰라도 누군가로부터 명령을 받는 것은 끔찍이 싫어합니다. 그녀의 엄마도 그렇게 하지 못했을 것입니다. 그런데 감히 당신이 엄마를 능가할 수 있을 것 같나요? 양자리 엄마조차도 이래라저래라할 수 없는 사수자리 딸을 지구상의 어떤 남성도 그렇게 하지 못할 것입니다. 하지만 사수자리 여성에게는 아주 특이한 면이 있습니다. 그녀는 특히나 사람들 앞에서 지시받는 것을 못 견뎌 하지만, 그녀가 당신의 단호함을 시험할 때에는 당신이 확실한 태도를 보여 주는 것이 좋습니다. 사수자리 여성은 유약하고 무른 남자는 못 봐줍니다. 사수자리 여성이 너무 기세등등하게 굴거나 그 똑똑한 혀로 지나치게 냉소적인 말을 하거나 혹은 당신을 정말로 화나게 하는 행동을 서슴지 않고 저지를 조짐이 보이면, 이럴 때만은 어느 정도 타잔 행세를 하는 것이 좋습니다. 그녀가 선을 넘지 않게 할 정도로만요. "당신이 그렇게 하면 정말 화를 낼 거예요."라는 식으로 말이지요. 그녀는 당신의 태도가 진지하다고 생각하면 놀라울 만큼 온순하게 반응할 것입니다. 사수자리 여성은 남성을 위해 자기 개성을 포기할 의향은 전혀 없지만, 당신이 그녀를 여성으로 여긴다는 사실 자체는 매우 좋아합니다.

사수자리 여성은 종종 당신을 헷갈리게 하겠지만, 그녀가 스스로 헷갈려 하는 것에 비하면 아무것도 아닙니다. 많은 사수자리 여성들이 우정을 사랑으로, 사랑을 우정으로 혼동하는 실수를 범합니다. 만약 당신이 보수적이어서 그다지 적극적이지 않고 어느 정도 수줍어하는 여성을 좋아하는 사람이라면 어서 다른 여성을 찾아보는 것이 좋습니다. 사수자리 여성은 남자들에게도 발랄하고 솔직하게 대하기 때문에 "내 기분이 어떨 것 같아요?"라든가 "제가 무슨 생각을 하는지 맞혀 보세요."라는 식의 우스꽝스러운 게임은 하지 않을 것입니다. 그녀의 기분과 생각은 그녀가 하는 말과 행동에 정확하게 일치합니다. 거침없이 말하는데다 퉁명스럽기까지 해서 오해 받기 일쑤지요. 뿐만 아니라 상대방의 마음을 다치게 하고 때로는 격렬한 다툼까지 벌입니다. 하지만 그녀는 전혀 아랑곳하지 않습니다. 그나마 다행스러운 것은 결정적인 순간에 목성의 자부심이 등장한다는 것입니다. 목성의 자부심은 그녀를 위기에서 구출해 주고, 마음에 상처를 준 사건을 재미있는 해프닝으로 넘겨 버릴 수 있도록 해 줍니다. 친구들이 남자친구와의 결별에 대해 물으면 그녀는 속으로는 울고 있더라도 재치 있게 답할 것입니다. 친구들은 그녀가 잠시 가벼운 연애를 했다고 생각하겠지요. 그녀가 밤마다 베갯잇을 적시며 우는 것은 짐작도 할 수 없을 것입니다. 친구들은 그녀가 그간의 모든 관계를 정리하려고 도대체 무슨 말을 했는지 궁금해하겠지요. 그래요. 어쩌면 어느 날 밤 남자친구가 그녀의 아파트 앞에서 전화했을 때 올라오지 말라고 했던 것이 화근이 되었을 것입니다. 그 당시 문제가 많은 어떤 남자와 얘기를 하느라고 바빴거든요. 사실 그 남자는 여동생의 남편이었는데 구체적인 내용은 다 빼고 말하는 사수자리의 특성 때문에 그녀는 결정적으로 그 남자의 정체를 밝히는 것을 잊었습니다. 왜 모든 걸 설명해야 하느냐는 식이죠.(모든 사수자리는 자기의 진실성이 의심을 받으면 심각하게 화를 낸답니다.) 아니면 남자친구가 영화 보러 갈 때 자기 여동생을 데리고 와도 괜찮은지 물어본 것이 원인이 되었을지도 모릅니다. 그녀는 "세상에, 우리가 결혼을 해도 늘 여동생이랑 함께 영화를 보러 가야 하는 건 아니죠?"라고 불쑥 내뱉었죠. 실제 그녀는 시누이가 될 수 있었던 그 여동생을 정말로 좋아했을지도 모릅니다. 그러나 시댁 사람들로 인해 질식당할지도 모른다는 사수자리의 본능적인 공포 때문에, 생각 없이 노골적인 말을 내뱉고 말았습니다. 이제는 그 여동생을 그 남자친구만큼이나 그리워하지만, 실제로 자신이 무슨 말을 하려고 했었는지 설명하기에는 너무 늦었습니다. 게다가 아무도 이해하지 못할 것입니다.

사수자리 여성이 논리적인 사고 체계로 이런 난국을 가늠하기란 불가능한 일입니다. 그래서 목성의 여인들이 전혀 연애를 경험하지 못하는 경우가 생기기도 합니다. 사랑의 불꽃이 어디쯤에서 어떤 식으로 점화되는지 모르는 사수자리 여성은 오히려 불이 붙으면 델까 봐 두려워합니다. 이 두려움 때문에 남자를 지나칠 정도로 냉담하게 대하게 되고, 또 어느 누구와의 관계도 진지하게 받아들일 수 없게 됩니다. 사수자리 여성은 거리낌 없이 추파를 던지기도 하지만, 장기적인 관계로 발전시키고 싶은 마음이 전혀 없기 때문에 비정한 여인이라는 평판을 듣기도 합니다. 불의 별자리는 실제로 냉정함이나 비정함과는 거리가 먼 별자리인데 이러한 천문해석학적인 내용을 전혀 모르는 남성들이 많이 있으니 안타까울 뿐입니다. 하지만 사수자리 여성은 독신으로 지낸다고 해도 메마르고 까칠한 노처녀가 되지는 않습니다. 여전히 인생의 광대 역할을 하면서 신나게 즐기며 살 것입니다. 남자를 대체할 수 있는 관심사가 열 개도 넘고, 그 모든 것이 그녀에게 즐거움을 주지요.

물론 당신은 독신주의 여성을 찾고 있지는 않겠죠. 언젠가 당신의 아내로 맞이할 수도 있는 사람에게 관심을 두고 있을 것입니다.(적어도 좋은 의도로 관심을 두기 바랍니다. 이 불쌍한 사수자리 여성은 당신이 아니더라도 이미 골칫거리가 넘친답니다.) 가벼운 연애 말고 결혼에 대해 진지하게 생각해 봅시다. 사수자리 남성처럼 사수자리 여성도 결혼에 대해서는 약간 겁을 먹고 있습니다. 그녀를 잡아 두려면(그녀가 청혼을 받아들이게 하려면) 밝고 화려한 반짝이 조각들을 미끼로 사용해야 합니다. 사수자리 여성은 남성과의 관계를 가볍게 여기고 인습에 얽매이지 않습니다. 스스로를 당신과 동등하다고 여기기 때문에 당신의 스웨터를 입는 것은 물론이고 당신의 버릇도 따라 할 것입니다. 그녀가 많은 사수자리 여성들처럼 스포츠나 캠핑을 좋아한다면, 당신은 소년들 틈에 섞여 있는 그녀를 분간해 내지 못할 것입니다. 하지만 절대로 똑같지는 않습니다. 일단 그녀가 당신의 스웨터를 입으면 뭔가 달라 보입니다. 목성의 여인들이 태생적으로 남성적이지는 않습니다. 사수자리 여성은 당신이 만나는 여성들 중에 가장 부드럽고 여성스러울 수도 있습니다. 단지 많은 남성들과 친구처럼 어울리다 보니 어디서나 (사우나와 체육관만 빼고) 남자들과 함께 있는 모습에 익숙해지는 것입니다. 또한 사수자리 여성은 매우 양심적이고 정직하고 공명정대하기 때문에, 자신의 평판에 연연하지 않으며 사회가 요구하는 위선을 경시할 수 있습니다. 만약 이런 것에 대해 물어본다면 그녀는 솔직하게 말할 것입니다. 한밤중에 남자와 왈츠를 추고 있다고 해서 바람을 피우는 것은 아니라고, 집에 일찍 귀가한다고 모두 요조숙녀는 아니라고 말입니다. 자신의 도덕적 기준이 비난받을 이유가 없다는 사실을 인식하는 자체가 중요하다고 생각합니다. 완전히 잘못 생각하고 있는 것이지요. 실상은 여성에게 있어 남들의 생각과 평판이 중요하니까요. 하지만 그녀의 태도를 이해하려고 노력해보세요. 남들이 하는 성적인 농담이 실제로 어떤 의미를 내포하고 있는지 전혀 모른 채 그 농담에 깔깔거리고 웃는다고 해서 사수자리 여성이 쉬운 여성이라고 생각하지 마세요.(사수자리는 성적인 의미를 미묘하게 내포하고 있는 말들을 잘 이해하지 못한답니다.) 그러니 도심에 있는 다리 위에서 일출을 보려고 밤을 샌다고 해서 그녀를 야성적인 여성이라고 여긴다면 곤란하지요.

사수자리 여성은 실제로 사람을 잘 믿습니다. 그런 모습은 너무나도 순진해서 늑대나 사기꾼들에게 걸리기 십상입니다.(이상하게도 연애 관계에서만 그렇습니다.) 그녀가 얼마나 논쟁을 잘하는지, 얼마나 놀라울 정도로 논리적인 사람인지는 잠시 잊어야 합니다. 이런 모습은 그녀의 마음과는 전혀 관계가 없습니다. 지금 사수자리 여성의 이성에 대해서 이야기하는 것이 아닙니다. 그녀의 이성은 똑똑하고 총명해서 어떤 비상 사태에서도 잘 작동합니다. 하지만 그녀의 마음은 무방비 상태입니다. 자주 넘어져서 멍이 들곤 하지요.

이것이 사수자리 여성의 또다른 특징이기도 합니다. 그녀는 약간 어설픕니다. 사수자리 여성이 말처럼 거리를 활보할 때에는 그녀를 세상에서 가장 우아한 여성이라고 생각할지도 모르지만, 다음 순간에 그녀는 튀어나온 보도블록에 걸려 넘어지면서 균형을 잡으려고 과일가게 천막 지지대를 잡는 바람에 오렌지 두 상자를 뒤엎어 버립니다. 과일가게 주인은 처음에는 욕을 하겠지만 이내 어쩔 수 없다는 듯이 어깨를 으쓱하고는 그녀에게 괜찮다고 하면서 포도를 몇 송이 건네 줄 것입니다. 밝은 사수자리의 태도는 딱딱한 심장도 녹일 수 있습니다. 이런 사수자리 여성은 꼬리를 살랑거리면서 발밑에서 왔다갔다하는 어수룩한 강아지를 연상시키기도 합니다. 하지만 그 사랑스러운 강아지는 예뻐해 주는 사람도 많고 먹을 것을 주는 사람도 많지요. 사료 값도 적게 들고요. 전형적인 사수자리 여인은 식욕이 왕성합니다. 좋은 음식과 와인, 좋은 옷을 좋아하며 여행할 때에는 퍼스트클래스를 이용하고 싶어 합니다. 사수자리는 선천적으로 사치스러운 경향이 있습니다.(달이 염소자리이거나 동쪽별자리가 처녀자리인 경우에는 예외일 수 있습니다.) 돈 자체에는 관심이 없기 때문에 대부분의 사수자리에게 돈의 의미를 가르치려면 꽤 오랜 시간이 걸릴 것입니다. 신용카드를 빌려 주기 전에 그녀의 동쪽별자리를 확인해 보세요.

많은 사수자리들이 무대에 끌리기 때문에 당신이 사랑에 빠진 사수자리 여성도 쇼 비즈니스 분야와 관련이 있을지 모릅니다. 만약 그렇다면 그녀가 지겨워할 때까지 자기 일을 할 수 있도록 해 주세요. 환호성과 앙코르를 연호하는 관중의 열광은 당신이 떠올릴 수 있는 모든 사랑의 말보다도 더 그녀의 가슴을 벅차게 해 준답니다. 절대로 그녀에게 당신을 즐겁게 해 줄 것인지 관중들을 즐겁게 해 줄 것인지 당장 선택하라고 강요해서는 안 됩니다. 머지않아 곧 자신을 둘러싼 쇼 비즈니스 세

계의 위선과 인위적인 화려함에 역겨움을 느끼고 현실에 존재하는 누군가와 가정을 꾸리고 싶어 할 것입니다. 바로 당신이지요. 솔직함이 진정 아름답고 기만은 추하다고 생각하는 그런 사람 말입니다. 역시 당신이지요? 커리어를 그만둔다고 해서 그녀의 날개가 영원히 사라지는 것은 아닙니다. 사수자리의 날개는 태어날 때부터 그 자리에 굳건하게 달려 있습니다. 사수자리 여성의 역마살은 늘 그녀 곁에서 맴돌며 방랑벽을 자극할 것입니다. 할 수 있다면 함께 휴가를 떠나고, 아니면 혼자라도 여행을 떠날 수 있게 해 주세요. 그저 그녀를 믿으면 됩니다. 그녀는 당신을 사랑합니다. 그저 시간 때우기 용으로 만나는 광대나 거리의 악사가 아니라 바로 당신을 사랑하는 것입니다.

연애에 대한 무심한 태도나 결혼에 대한 소극적인 태도 때문에 당신은 그녀가 감성이 메마른 사람이라고 생각할지도 모릅니다. 완전히 잘못된 판단입니다. 실제로는 슬픈 영화를 보면서 엉엉 울고, 시를 읽으면서도 눈물을 훔치는 사람입니다. 아마도 당신이 건네준 모든 편지와 비 내리던 어느 날 당신이 건네준 장미꽃과 당신을 만났던 하키 경기장 입장권을 아직도 간직하고 있을 것입니다.

사수자리 여성이 가정주부로서 보여 주는 재능에 대해서는 조금 대범해질 필요가 있습니다. 그리고 인내심이 있어야 합니다. 사수자리 여성은 집 안 곳곳을 쓸고 닦는 가사노동에는 심각할 정도로 싫증을 내는 편입니다. 침대 시트는 정리하자마자 흐트러집니다. 설마 그 망할 놈의 침대 시트가 며칠 동안 정돈된 상태로 있을 거라 생각하세요? 네 귀퉁이를 잡아당겨서 정리하는 게 얼마나 힘든 일인데요. 사수자리 여성은 그런 일들은 죽도록 싫어합니다. 하지만 자기만의 집이 생기면 하기 싫더라도 꾹 참고 합니다. 당신이 능력만 된다면 가사도우미를 두고 싶어 하겠지만, 그럴 여건이 못 된다면 집 안을 악착같이 깔끔하게 정리하고 살 것입니다. 그녀의 엄마는 이 말을 믿을 수 없겠지요. 그 엉성하던 딸이 집 안을 반짝거리게 닦는다고요? 불가능한 일입니다. 하지만 사수자리 특유의 자존심과 꼬리에 꼬리를 무는 논리가 함께한다면 가능한 일입니다. 스스로에게 솔직하기 위해서는 아름답고 청결한 환경 속에 있어야 하니까요. 자신이 바닥을 닦지 않으면 아무도 하지 않을 테니 행동할 수밖에 없죠. 어린 시절에 허드렛일을 많이 해야 하는 환경에서 자랐다면 처음에는 이런 가사노동에 반발할 수도 있지만, 결국에는 결론을 내리고 화를 참으며 집 안 청소를 할 것입니다.

요리 솜씨는 어떠냐고요? 글쎄요. 당신은 그녀의 요리 솜씨가 어떤지 결코 알 수 없을 것입니다. 그냥 주말에는 외식을 하는 편이 낫습니다. 그녀가 주중 내내 밥을 짓느라 고생했다면 토요일이나 일요일에도 같은 걸 기대하면 안 됩니다. 대부분의 사수자리 여성은 주방에서 보내는 시간을 별로 좋아하지 않습니다.(동쪽별자리가 황소자리나 게자리 또는 염소자리인 경우에는 다를 수 있습니다.) 하지만 우울해하는 당신의 기분을 북돋워 주려고 환상적인 디저트를 만들 수도 있습니다. 사수자리 여성은 가끔 기분이 매우 안 좋아질 때도 있지만, 이런 경우는 사실 매우 드물고 아주 잠깐 동안 지속되므로 당신은 거의 알아차리지도 못할 것입니다. 하지만 정말로 기분이 상해 있을 때에는 아주 냉소적인 말을 할 수도 있습니다. 한 문장을 채 끝내기도 전에 자신이 한 말을 잊어버릴 것이며, 당신이 뭘 골똘히 생각하고 있는지 이해하지 못할 것입니다. 사수자리 여성은 지난 일을 계속 곱씹으면서 우울해하는 남성에게는 어울리지 않습니다. 우울함과 비관주의는 사수자리 여성을 실제로 아프게 만들 수 있답니다.

사수자리 여성의 아이들은 엄마를 무척 좋아할 것입니다. 사수자리 엄마는 아이들의 친구가 되어 함께 한바탕 잘 놀아 줄 것입니다. 일단 책임감에 대한 두려움을 극복하고 나면, 매일 기저귀를 갈고 목욕시키는 일을 마치 유능한 간호사처럼 척척 해낼 것입니다. 그녀는 무언가 배우기로 작정하면 거의 모든 일을 우아하게 잘해내지요. 사수자리 여성의 자녀들은 어머니의 유쾌한 낙관주의와 거침없는 말들을 많이 경험하게 됩니다. 어머니의 무뚝뚝한 솔직함을 견딜 수 있게 되면, 아이들은 엄마가 세상에서 가장 멋진 큰누나나 큰언니 같다고 느끼면서 자랄 것입니다. 사수자리 어머니는 아이들에게 해피엔딩으로 끝나는 재미있는 이야기를 읽어 줄 것이며 곰 세 마리 가족을 찾으러 갑자기 숲 속으로 소풍을 가기도 할 것입니다.(본인도 곰 세 마리가 숲 속에 숨어 있을 거라고 반쯤은 믿고 있답니다.) 사수자리 여성의 아이들은 단정하고 맵시 있지만, 그렇게 유난스럽지는 않을 것이며 명랑하게 자랄 것입니다. 커다란 천을 바닥에 펼쳐놓고 노란색 페인트 통에 발을 넣었다가 천 위를 마구 밟고 다녀서 발자국 커튼을 만드는 것처럼, 아이들이 엄마로부터 독특한 기술을 배운다면 적어도 고리타분한 어른이 되지는 않을 것입니다. 사수자리 여성의 정직함도 아이들의 성격에 영향을 미칩니다. 아무리 숲 속을 헤매도 전나무 아래에서 곰 세 마리 가족을 찾지 못하면, 엄마는 아마도 아이들에게 이건 다 가짜니까 그만 잊어버리자고 말할 것입니다. 하지만 그 전에 일단 찾아보기는 하죠. 신문사에 편지를 써서 산타클로스가 정말로 있는지 묻는 꼬마는 아마도 태양이나 달 또는 동쪽별자리가 사수자리일 것입니다. 사수자리 여성은 자기 아이를 솔직하면서도 꿈이 있는 사람으로 키웁니다. 그리고 평소에는 규율을 약간 느슨하게 적용하는 경향이 있지만, 자신이 피곤하거나 화가 났을 때에는 다릅니다. 그럴 때에는 아이들에게 매를 들면 안 된답니다.

사수자리 여성은 사랑스러운 안주인 역할을 잘해

냅니다. 파티 얘기가 나오면 빠질 수 없는 사자자리조차도 그녀만큼 우아하게 손님을 접대하지는 못할 것입니다. 사수자리 여성은 밝고 다정다감한 사교성으로, 청소부에서 남편의 사장까지 모두가 진심으로 환영받고 있다는 기분이 들게 해 줄 것입니다. 사수자리 여성은 경직된 분위기를 금세 유화시켜 버리는 재주가 있답니다. 비록 화가 나서 눈썹을 치켜뜰 때가 있기는 하지만요.

그녀가 자신이 원하는 방식으로 살 수 있도록 해 주고 너무 얽매여 있다는 느낌만 갖지 않게 해 준다면, 낙천적인 사수자리 아내는 당신에게 신의와 믿음, 그리고 애정이라는 세 가지 선물을 줄 것입니다. 사수자리 여성이 사랑을 줄 때는 우정도 함께 따라오기 때문에 이 세 가지는 서로 떼어 놓을 수 없지요.

사수자리 여성은 구제불능의 이상주의자랍니다. 그녀는 아마도 당신에게 얘기하지 않은 비밀을 간직하고 있을 것입니다. 그녀는 아주 어릴 적부터 초승달이 뜨는 밤마다 자기의 진실한 마음을 나눌 수 있는 사람을 보내 달라고 달에게 빌었습니다. 바로 그런 사람을 찾았다고 좋아했다가 실망한 적이 여러 번 있었죠. 하지만 마침내 당신이 나타났고 그녀는 당신을 바로 알아보았습니다.
꿈이 있는 다정한 광대처럼, 당신이 그녀의 손을 이끌어
별들에게 가는 길을 보여 주었으니까요.

사수자리 어린이

"우리 집 근처에 아주 귀여운 강아지 한 마리가 있어.
조그맣고 반짝이는 눈을 가진 테리어 종인데, 있지,
아주 긴 갈색 털이 나 있지!
그리고 뭐든 물건을 던지면 가서 곧장 물어 오고.
또 얌전히 앉아서 먹을 걸 달라고 해.
이것 저것 못하는 게 없다니까.
난 절반도 다 기억 못하겠어."

제가 사는 건물에 머리색이 짙은 아일랜드 소녀가 살고
있는데 그 아이는 12월에 태어난 사수자리였습니다. 그
아이는 기타를 치며 가끔 노래 가사도 쓰곤 합니다. 한
번은 제가 보기에도 너무나 매력적인 가사를 한 줄 써
놓고는, 나머지 가사가 잘 안 풀려서 애를 먹고 있었습
니다. 사실 그렇게 걱정할 필요는 없었어요. 첫 구절을
멋들어지게 써 놓았으니까요. "당신은 거기서 나의 마음

을 향해 손짓하네요."

이 구절에는 사수자리가 태어나 백발이 될 때까지의 모습이 요약되어 있습니다. 나이는 중요하지 않습니다. 사수자리는 절대로 어른이 되지 않으니까요. 당신의 사수자리 딸아이를 잘 살펴보세요. 아이는 살가운 양치기 개처럼 살랑살랑 마음의 꼬리를 흔들고 있을 것입니다. 사수자리 아들도 예뻐해 달라고 열심히 자신의 마음을 흔들어 보일 것입니다. 사람들이 '안녕!' 하고 대꾸해 주지 않으면 귀여운 사수자리 꼬맹이는 마음이 실망으로 가득 차서 금세 풀이 죽어 버립니다. 사수자리 아이들은 어린 광대처럼 늘 즐겁게 잘 놀고, 누군가에게 거부당하면 눈물을 그렁그렁한 채로 웃는답니다. 어린 아기도 밝은 성격을 드러내며 친구를 찾아다닙니다. 목성의 아기는 혼자 남겨지면 울음을 터뜨리지만, 어른들이 웃고 떠드는 거실로 아기침대를 옮겨 놓으면, 귓가에 울리는 따뜻한 어른들의 목소리를 들으면서 마음 놓고 흐뭇하게 잠들 것입니다. 다정하고 행복한 사람들이 있는 포근하고 익숙한 환경에 있으면 꿈도 더 달콤해지지요. 어른이 되면 가족과의 유대감은 줄어들겠지만, 어린 시절에는 마치 갓 태어난 강아지가 편안하게 파고들 낡은 스웨터를 필요로 하는 것처럼, 사수자리 아이도 사람 냄새를 맡으면서 편안함을 느낍니다. 이런 본성이 있는 사수자리 아이가 어린 시절에 사람과의 접촉을 거부당하거나 차단당하면, 자라서 혼자만 있으려고 하는 냉소적인 어른이 될 것입니다. 아이는 마치 〈스누피〉 만화에서 라이너스가 지저분하고 해진 담요를 끼고 다니듯이 대체물을 찾을 것입니다. 안도감을 느끼게 해 준다면 부드러운 베개도 좋고 여기저기 해진 낡은 곰 인형도 좋습니다. 하지만 그보다는 당신이 그런 역할을 해 주기를 간절히 바라고 있을 것입니다.

사수자리 남자 아이는 조악한 낚싯대와 미끼로 쓸 벌레 한 통을 들고 맨발로 산 속을 헤매면서도 태평스럽게 휘파람을 불며 만나는 모든 사람에게 인사를 할 것입니다. 그 옆에는 충직한 개가 함께 따르겠지요. 사수자리는 젊은 시절에 격식에 얽매이지 않는 모습을 보이는데, 성인이 되어서도 이런 기질이 절대로 변하지 않습니다. 사수자리 여자 아이라면 선머슴처럼 행동하기 때문에, 당신은 매번 숙녀답게 행동하라고 주의를 주게 될 것입니다. 하지만 사수자리 아이들은 숙녀답다, 혹은 신사답다는 말에 대한 자기들만의 생각이 있답니다. 이 모든 것은 정직함에서 출발한다고 생각합니다. 그 정직함이란 벌거벗은 진실, 아무런 꾸밈이 없는 잔인한 진실을 뜻합니다. 이들은 이것을 삶의 예술로 승화시켜서 당신을 포함한 주변의 모든 사람들에게 정직함을 기대할 것입니다. 특히나 부모가 그 기대를 저버리면 사수자리 아이는 부모의 지시에 고분고분 따르는 어린 노예로 사는 것을 완강히 거부할 것입니다.

부모로서의 권위는 그냥 세워지지 않습니다. 사수자리 아이는 당신의 지시에 항상 의구심을 품고 스스로 판단한 다음에 그것이 정당하다고 생각되면 당신의 권위를 인정할 것입니다. 아이는 당신의 명령에 합당한 논리가 있다는 확신이 들면 흔쾌히 받아들입니다. 그런데 만약 아이의 테스트에서 좋은 점수를 얻지 못하면 당신은 무시당하게 됩니다. 당신은 권위를 내세우겠지만, 아이는 자신의 정직함과 반항심으로 당신에게 맞설 것입니다. 당신이 공정한 사람이고 또 아이처럼 솔직해지려고 노력한다면, 이 사수자리 아이는 당신이 정하는 규율들을 존중할 것입니다. 당신이 스스로 옳다고 확신한다면 확고하고 당당하게 근거를 제시하면 됩니다. 그리고 당신이 틀렸을 때에는 실수를 솔직하게 인정하면 됩니다. 실제로 부모들이 아이들의 입장보다는 자기들의 입장에서 편한 쪽으로 규율을 만들고 아이들에게 강요하는 경우가 많다는 점을 솔직하게 인정합시다. 사수자리 아이는 마치 냄새를 잘 맡는 사냥개처럼 이런 종류의 규율을 아주 잘 간파해 냅니다. 그러고는 화가 나서 몸을 부르르 떨며 당당하게 분노를 표출하겠지요. 사수자리 아이에게는 당신이 지시하는 바를 차분하게 설명해 주는 것이 좋습니다. 그렇지 않으면 부당한 대우를 받고 있다고 여기는 사수자리 아이의 고집을 꺾기 위해서 회초리가 아주 많이 필요할 것입니다.

사수자리 아이를 둔 어머니들이 자주 쓰는 말이 있는데 들어 보셨나요? "호기심이 사람 잡는다." 당신은 아마 고개를 끄덕이고 계실 것입니다. 사수자리 아이의 호기심은 끝이 없지요. 질문으로 하루를 시작해서 잠들기 직전까지 질문을 합니다. 이제 막 말을 배우면서 드넓은 세상을 탐험하기 시작한 아이는 "왜 난로를 만지면 안 돼요?", "왜 사탕을 먹으면 이가 빠져요?", "왜 당근을 먹으면 내 머리카락이 꼬불거려요?", "산타 할아버지가 모든 걸 다 안다면 왜 굳이 내가 편지를 써야 해요?", "아빠가 두 번째 신혼여행 얘기를 하면서 왜 엄마한테 윙크를 했어요? 그리고 왜 달moon보고 꿀honey이라고 해요?", "빌리는 달이 하나밖에 없다고 하는데 엄마는 왜 달이 두 개라고 해요?" (빌리는 너무나 조숙한 물병자리 형입니다. 사수자리 아이와 물병자리 아이가 한 집에 있으면 곤란한 일들이 많지요.) 점심 먹을 때에도, 오후 낮잠 자는 시간에도, 저녁 식사 시간에도 사수자리 아이의 질문은 계속됩니다. "왜 아빠는 할아버지를 공처가henpecked라고 해요? 할아버지가 닭hen이에요?" "내가 쿠키를 다 먹었다고 곰 인형이 언제 말했어요? 나한테는 한 번도 말을 한 적이 없는데."

사수자리 아이들의 질문은 대부분 어른들의 위선이나 잘난 척하는 모습 그리고 기만을 꼬집는 경우가 많습니다. 이런 질문에 열 받아서 "조용히 좀 해! 한 번만 더 '왜'라는 말을 하면 엉덩이를 때려 줄 거야! 다시는 그 말 쓰지 마!"라고 화를 내도 별로 도움이 되지 않을 것입니다. 사수자리 아이는 당신 눈을 똑바로 쳐다보며 이렇게 대꾸하겠지요. "왜 안 되는데요?"

아이가 더 자라면 이런 질문을 할 것입니다. "왜 엄마는 저를 믿는다고 하면서 정해진 시간에 귀가하라고 하는 거예요?" (당신은 이 사수자리 아이를 믿게 되거나 또는 믿어야만 할 것입니다.) "사람들이 뭐라고 생각하는지가 왜 중요해요? 엄마는 저보다 다른 사람들이 더 중요해요?" 이건 어려운 질문이지요. 사수자리 아이가 아직 기저귀를 차고 있을 때 이런 질문에 대한 답변을 미리 준비해 두는 것이 좋습니다. 사수자리 청소년은 부모의 지시가 사회적 관습보다는 아이를 위한 것이라면 절대로 무시하지 않습니다. 물론 아이에게 어떤 사회적 관습을 지키라고 요구할 때에는 논리적이고 타당한 이유를 제시할 수 있어야겠죠. 사회적 시선과 관습이 내포하고 있는 가치들의 진실성을 말로 잘 표현해 주어야 합니다.

'아이가 어릴 때는 당신의 발을 밟지만 어른이 되면 당신의 마음을 밟는다.'라는 오래 된 격언이 있습니다. 사수자리에게 딱 어울리는 격언입니다. 절대로 과장된 말이 아닙니다. 사수자리 아이는 행동이 둔하고 서툽니다. 약통에 소독약과 반창고를 늘 채워 두는 것이 좋지요. 어린 사수자리 아이는 당신의 발을 밟거나, 또는 당신이 청소기를 돌리거나 다른 일을 할 때 근처에서 서성거리다가 발에 걸려 넘어지곤 합니다. 당신은 늘 발이나 마음에 상처가 날 것입니다. 하지만 사수자리 아이가 자라서 당신 마음에 박을 대못을 생각하면 그런 것들은 아무것도 아니지요. 사수자리 아이가 갈구하는 자유에는 가족으로부터의 독립도 포함되어 있습니다. 아주 어린 시절부터 독립해서는 오랫동안 전화도 한 통 하지 않고 편지도 한 장 쓰지 않을 것입니다. 부모의 마음에는 큰 상처가 될 수 있겠죠. 그나마 이런 고통을 줄이고 치유하려면 사수자리 아이가 어릴 때부터 도의와 관용이라는 면에서 당신을 존경하도록 처신하고 가르쳐야 합니다. 만일 당신이 편협한 사람이라면 사수자리 아이는 명절에만 찾아올 것입니다. 하지만 당신이 아이의 친구들을 있는 그대로 바라보고, 아이의 품격을 신뢰하고 아이의 꿈을 지지해 주는 사람이라면, 아이는 가족 간의 사랑을 새삼 확인하러 자주 집에 와서 당신을 흡족하게 해 줄 것입니다. 그렇지 않으면 아이는 오래된 담요나 베개, 또는 곰 인형을 친구 삼아 집이 아닌 어딘가에서 혼자 지낼지도 모릅니다. 적어도 그 친구들은 자기를 있는 그대로 봐주고 믿어 주니까요.

사수자리 아이는 연애를 상당히 일찍 시작하는 편입니다. 여자 아이라면 그저 연애를 통해 자신의 여성성을 시험해 보려는 것뿐이라서 부모가 적절하게 지도만 해 준다면 그다지 심각하지는 않을 것입니다. 사수자리 남자 아이에게는 생명 탄생에 대한 특별한 지도가 조금 필요합니다. 호미로 막을 것을 가래로 막는 일은 없어야 하니까요.

경제 관념을 가르치는 것도 중요합니다. 사수자리 아이는 돈을 무슨 종잇조각처럼 쓰는 경향이 있습니다. 쓸 수 있는 돈에 한계가 있다는 점을 주지시켜야 합니다. 아이들 때문에 밑 빠진 독에 물 붓기를 해서는 안 되겠죠. 만약 점심값을 만화책을 사거나 오락하는 데 썼다면 1주일 동안은 샌드위치를 싸 가지고 다니게 하세요. 좀 야박하게 들리기는 하겠지만 필요한 일입니다. 언젠가 카드 회사에서 당신에게 고맙다고 할 것입니다.

사수자리 아이는 남녀 모두 학교 생활을 즐거워할 것입니다. 반복되는 지루한 일로 아이들의 발랄한 호기심을 억압하거나 엄격한 규칙과 딱딱한 공부 습관을 지나치게 강요하지만 않는다면, 사수자리 아이는 다양한 사고 방식과 왕성한 호기심을 발휘하면서 놀이를 하듯이 배움에 임할 것입니다. 사수자리 아이는 교육이 혁신적일수록 더 즐거워합니다. 한시도 가만히 있지 못하는 아이들에게 계속 얌전히 앉아 있으라고 하거나 상상력을 봉쇄해 버리면 아이들은 곧, 어쩌면 영원히 흥미를 잃어버릴지도 모릅니다. 엄격하고 인내심 없는 교사와 상상력이 결여된 교수법을 사용하는 교사에게 배우는 사수자리 아이들은 차라리 학교를 중퇴하고 돈 버는 일에 뛰어들고 싶어 할 것입니다.

자율 감독 제도는 누구보다도 사수자리 아이들에게 잘 어울립니다. 사수자리 아이는 교사가 자신을 믿어 주면 절대로 부정 행위를 하지 않습니다. 물론 믿어 주지 않으면 속임수 쓰는 것을 대수롭지 않게 생각할 수 있습니다. 아무도 자신을 믿어 주지 않는데 정직하게 행동해 보았자 의미가 없겠지요.

사수자리 아이는 진지하게 종교에 많은 관심을 보일 것입니다. 어린 시절에는 성직자나 수녀가 되어 타국에서 선교활동을 펼치고 싶어 하기도 합니다. 하지만 나이가 들면 교리에 의구심을 갖기 시작하면서 신념을 바꾸거나 또다른 궁극의 진리를 찾으려고 합니다. 사수자리는 예외 없이 평화봉사단 활동에 매력을 느낍니다. 자신의 이상을 현실화할 수 있는 기회를 좋아하는 것이죠. 내세울 만한 대의명분이 없는 사수자리는 씹을 뼈다귀가 없는 개와 마찬가지입니다. 대의명분을 위한 투쟁은 이들의 힘을 강화시켜 줍니다. 하지만 뼈다귀가 없다면 강아지는 소파나 의자를 다 물어뜯어 놓겠지요. 대의명분을 찾지 못한 사수자리 젊은이들은 광신적인 열정에 빠져서 미래를 돌이킬 수 없을 정도로 파괴해 버릴 수 있습니다.

사수자리 아이의 눈은 저 멀리서 반짝이는 별들을 향해 있기 때문에 발밑에 놓인 돌부리를 보지 못해서 몇 번씩이나 넘어질 것입니다. 이 아이는 독립적이고 정직한 어린 사수랍니다. 아이에게 활쏘기 연습을 할 수 있는 충분한 공간을 마련해 주세요. 아이는 강렬하고 뜨거운 햇살 아래에서 자신의 꿈이 영글 때까지 맨발로 풀밭도 거닐고 쏟아지는 빗줄기도 느껴 보아야 합니다. 사수자리 아이는 행복하고 낙천적인 어린 마음을 당신에게 흔들어 보이고 있는 것입니다. 기꺼이 신뢰를 보내며 아이에게 화답해 주세요.

사수자리 사장

그리펀이 성급한 투로 말했다.
"아니 아니! 모험 이야기가 먼저야.
설명하려면 얼마나 시간이 많이 걸리는데."

사수자리 사장 밑에서 1주일 정도 일을 하고 나면 당신은 좀 혼란스러울 것입니다. 웃어야 할지 울어야 할지 헷갈리지요. 이 사람, 확실히 좀 바보 같습니다.

아니면 천재일까요? 아니오. 둘 다 아닙니다. 확실히 그냥 무례한 촌놈입니다. 다시 한 번 살펴보면 돈키호테를 닮은 것도 같습니다. 하지만 그럴 리가 없지요. 당신에게 모욕을 주면서 그렇게 즐거워하는 걸 보면 말이죠. 그런데도 때로는 진심으로 당신에게 기분 좋은 말을 합니다. 따뜻하기까지 합니다. 자, 다시 살펴보세요. 다리가 셋 달린 망아지처럼 어설프기 짝이 없겠지만요. 그런데 잠깐만요, 아니에요. 예상과 달리 그는 경주마처럼 우아하네요. 도대체 무슨 마법 거울이라도 쓰는 걸까요?

두 번째 주가 지나자 당신은 다음엔 무슨 일이 일어나는지 지켜볼 심산으로 어렵사리 회사에 남기로 결정합니다. 이쯤 되면 사수자리 사장의 어머니가 그를 완전히 망쳐 놓았다는 확신이 들겠죠.(틀렸습니다. 그 어머니는 아들을 망칠 기회가 없었습니다. 사수자리 사장은 언제나 자신이 원하는 것을 했으니까요.) 뭐 어쨌든 당신 아들이 아니니까 당신이 걱정할 일은 아닙니다. 게다가 당신은 곧 회사를 그만둘 거잖아요? 사수자리 사장을 반겨 주는 사람은 따로 있습니다. 바로 사장의 아내이지요. 당신은 그 아내가 불쌍하다는 생각이 들기 시작합니다.(그 아내는 가끔은 자기연민 때문에 눈물을 흘릴 때도 있지만 대체로 흥미진진한 삶을 살고 있답니다.) 그리고 슬슬 사수자리 사장이 속으로는 당신을 미워하고 있다는 확신이 듭니다.(그는 당신에게 미친 듯이 화를 내지요. 당신이 실수라도 해 보세요. 너무나 적나라하고 잔인할 정도로 솔직한 지적이 빗발칩니다.) 그런가 하면 이번에는 당신을 승진시켜 줄 것만 같은 생각이 듭니다.(하지만 아직은 아닙니다. 어제는 조금 흥분을 했던 것뿐입니다.) 오늘 아침에는 사장이 당신에게 점심이나 같이 하자고 했습니다. 이제 정말로 사장이 어떤 사람인지 알아볼 수 있게 되었습니다. (아! 그런데 사장이 취소했습니다. 동물학대방지협회에서 연설하기로 했던 걸 잊고 있었답니다.)

두 달 후, 당신과 당신의 정신과 의사는 이제는 사장과 진지하게 면담해 볼 때가 되었다는 데 의견이 일치했습니다. 당신은 마음의 결정을 내렸습니다. 사장의 변덕스럽고 당황스러운 행동에 일단 불만을 표하고, 만약 사장이 당신 말을 인정하고 회사에서 당신을 어떻게 평가하고 있는지 확실히 알려 준다면 당신은 회사에 남을 생각입니다. 그렇지 않으면 퇴사를 각오하고 있습니다. 단호하게 얘기할 것입니다.(미안하지만 사장은 오늘 런던으로 출장을 갔습니다.) 좋아요. 기다릴 수 있지요. 사장이 출장에서 돌아오면 당신이 가지고 있는 패들을 펼쳐 놓고 당신의 생각을 정확하게 말할 예정입니다. 그가 다시 일상적인 업무에 복귀할 며칠의 시간 정도는 줄 생각입니다. 그런데 사장이 좀 피곤해 보이는군요. 하지만 당신은 봐주지 않기로 합니다. 내일쯤이면 사장은 당신의 이야기를 들어 줄 준비가 될 것입니다. (이번에는 사장이 동경으로 출장을 간다고 합니다. 당신이 직접 비행기 표를 예매해 주게 생겼습니다.) 아니, 잠깐만요! 도대체 언제 당신의 불만 사항을 들어 줄 시간이 나는 거예요?

정말로 답을 원하세요? 그는 절대로 시간이 없을 것입니다. 당신의 사수자리 사장은 매일 아침 스케이트 베어링에 기름칠을 하고 시내를 질주하면서 엄청나게 홍보를 하고 다닙니다. 사장은 결코 한 곳에 진득하게 앉아서 당신이 그의 단점에 이야기하는 것을 들어 줄 사람이 아닙니다. 사장은 자신이 아주 훌륭한 사람이라고 생각합니다. 잠시 멈춰서 생각해 보면 그렇기도 합니다. 사실 사장은 보기보다는 부끄러움을 많이 타고 무기력할 때도 있고 사람들에게 이해 받기를 원하지요.

그런데 그는 계속 사람들에게 난폭한 말을 합니다. 왜 사장은 사람들이 그런 자신을 이해해 주기를 바라는 걸까요? 아무리 이해를 해 줘도 한계가 있는 법인데요.(사장의 아내에게 물어보세요. 이해해 줘야 할 리스트가 가나다순으로 잘 정리된 파일을 가지고 있을 것입니다.)

당신이 하는 말을 완전히 무시하고 일정도 잘 지키지 않으면서 그렇게 낙천적으로 웃고 있는 것은 부당합니다.(사장의 어머니에게 물어보세요. 이 주제에 대해 할 이야기가 많을 것입니다. 자신을 이해해 줄 만한 사람을 만나기를 수십 년 동안 학수고대해 왔으니까요.) 자, 이제 어떻게 하실 건가요? 어떻게든 뭔가를 해야 하지 않을까요?

사장에게 편지를 써 볼 수도 있습니다. 하지만 편지는 논리적이어야 하고 위선적인 감정이나 당신은 정당한데 사장은 악당이라는 식으로 한쪽으로 치우진 논점은 빼야 합니다. 사장의 입장에서는 본인이 정당합니다. 당신의 논지가 정당하다면 사장은 그것을 고려해 보고 자기 방식을 고쳐보려고 하겠지만, 정작 그 문제를 가지고 여섯 시간 동안이나 앉아서 토론하고 싶어 하지는 않을 것입니다. 사장에게는 자신의 문제가 무엇인지 듣고 앉아 있는 것보다 훨씬 더 흥미진진한 모험들이 즐비하거든요. 게다가 사장 본인이 변하지 않으려고 할 텐데

굳이 아까운 시간을 낭비할 필요가 있나요? 그렇다면 사장에게는 도대체 장점이란 것이 전혀 없다고 생각하나요? 물론 있지요. 그럼 거기서 멈추세요. 그 장점들만 기억하고 나머지는 잊어버리세요. 사장의 어머니도 그랬고 아내도 그랬답니다. 그 사람들의 지혜를 배우세요.

사장의 좋은 점들을 리스트로 작성하는 일부터 시작해 봅시다. 일단 투덜거리는 일이 거의 없다는 점을 꼽을 수 있겠죠. 누군가가 그의 타오르는 열정에 찬물을 끼얹으려 하거나, 꽉 막힌 경리가 지난달 경비 내역서를 들고 와서 구체적으로 어떤 지출이 있었는지 물어볼 때나 가끔 투덜거리는 정도지요. 일반적으로 당신의 사수자리 사장은 태평스럽고 낙천적이며 유쾌한 사람입니다. 그것도 장점이지요. 자, 또 뭐가 있을까요? 사장은 병가나 휴가에 있어서는 상당히 공정합니다. 또다른 장점은 바로 관대하다는 것입니다. 다른 사장들은 대부분 당신이 경마장에서 전 재산을 날리고 한 달 치 급여를 가불해 달라고 하면 이해하지 못합니다. 하지만 사수자리 사장은 기껏해야 그런 말에다 돈을 걸어서 다 날려버리기 전에 자기에게 물어보지 그랬냐고 얘기합니다.

결국 사장은 가불을 해 주고 1주일 뒤부터 몇 달러씩만 갚으면 된다고 말하지요. 역시 칭찬할 만한 점입니다.

당신이 충동적으로 파혼을 하고 나서 심하게 후회하고 있을 때, 사수자리 사장은 오후에 반차를 내주면서 관계를 회복해 보라고 권유합니다. 당신이 사무실을 나오기 전에 사장은 당신을 회사에서 가장 창의력 있는 직원으로 생각한다고 말해 주었습니다. 그런 사장의 진심 어린 말 덕분에 당신의 어두웠던 마음이 어느 정도 생기를 되찾았지요. 당신은 그 덕에 용기를 내어 사랑하는 사람의 품으로 달려가 저녁이 되기 전에 연인과의 관계를 회복할 수 있었습니다. 자, 그럼 사수자리 사장은 사람들의 용기를 북돋워 주는 사람이네요. 다른 좋은 점은 더 없나요?

당신은 사수자리 사장이 사회운동을 하는 것에 대해서 일종의 존경심을 가지고 있습니다. 사장은 자신이 옳다고 믿는 것을 위해 열심히 싸우지요. 당신은 그런 사장을 위해 일하고 있다는 사실에 뿌듯함을 느낍니다. 가망 없는 대의명분을 옹호하는 사람이 주위에 있다는 것 자체가 흥미진진한 일이지요. 사장은 자기 자신과 자신의 원칙(그게 무엇이든)에 진솔한 사람입니다. 참으로 신선한 일이지요? 물론입니다. 또다른 장점이지요.

그런데 잠깐만요. 예전에 고객과의 세일즈 미팅에서 당신이 숫자를 잘못 말했다가 사장이 크게 웃어 버려서 완전히 바보가 된 느낌을 받았던 그 일은 어쩌고요? 그리고 나서는 상황을 수습해 보겠다고 이렇게 말했지요. "저희 직원입니다. 늘 일을 엉망으로 만들지만 어쨌거나 우리는 이 사람을 좋아한답니다." 지금은 그런 일들은 생각하지 마세요. 지금은 사장의 좋은 점들만 생각하고 있는 중이라는 것, 기억하시죠?

사수자리 사장이 당신을 계속 혼란스럽게 만든다는 것은 분명합니다. 당신은 사장이 성자인지 악마인지, 아니면 둘 다인지 판단이 안 섭니다. 어쩌면 두 가지 모습이 골고루 섞여 있다는 것이 진실에 더 가까울 것입니다. 사수자리 사장에게 익숙해지려면 시간이 좀 걸립니다. 사장은 대체로 누구에게나 친절한 사람이지만, 사수자리의 정직함과 매사에 공명정대하고 싶은 욕구는 예민한 사람들에게라면 좀 충격이 될 수도 있습니다. 사장은 아주 민주적인 사람이어서 좋아하지 않을 수 없습니다. 하지만 그 올곧은 태도와 잔인할 만큼 솔직한 태도는 가끔 받아들이기 힘겨울 때가 있습니다. 사수자리 사장은 진실하고 다정하기 때문에 절대로 악의를 품거나 고의로 누군가에게 상처를 주는 사람이 아닙니다. 거리낌 없이 당신의 실수를 확실하게 지적하는 것도 그 중 하나지요. 사수자리 사장은 늘 공개적으로 비판하며 요령도 없습니다. 아무리 부드러운 사수자리라도, 당신의 결점을 기꺼이 아주 정확하게 지적하면서 당신이 상처를 받을 수도 있다는 생각은 전혀 하지 않습니다. 물론 사수자리 사장의 칭찬과 따뜻한 평가는 이런 당혹스러움을 덮고도 남지만, 그렇게 고통스러운 순간들은 엄지손가락의 통증처럼 부각되는 법이지요. 12월에 태어난 사장들은 모든 사람들이 진실을 듣고 싶어 한다고 굳게 믿고 있습니다. 그래서 그렇게 말하는 것이지요. 하지만 상대방이 기분 나빠한다는 것을 알아차리면 스스로 뼈저리게 후회합니다. 곧바로 유난을 떨며 사과하고 해명하려 하지만 사장의 의도와는 달리 상황이 더 악화될 때가 많습니다.

　　사수자리 사장이 어떤 특정한 시간에 어디에 있을

지는 좀처럼 알 수 없습니다. 어디에든 순식간에 나타날 수 있습니다. 사수자리 사장은 위선적이고 거짓말을 일삼는 세일즈맨이나 숨은 의도가 있는 고객, 그리고 적의를 품은 직원을 쉽게 알아볼 것입니다. 하지만 자신의 연애 문제에 대해서는 별로 영리하지 못합니다. 사장이 싱글이라면 사장의 감성적인 여행이나 잦은 연애 사건으로 사무실이 술렁거리게 되는 경우도 있을 것입니다.

사수자리 사장에게는 온갖 유형의 친구들이 있습니다. 금융기관 사장, 중요한 정치인, 사교계 인물들, 신문사 기자, 장관, 의사, 변호사, 건설업자, 목수, 라디오 아나운서, 유명한 미망인들, 여자 역도 선수, 도박사, 합창단원, 건축가, 바텐더, 대학 교수 등등 모두들 낮이고 밤이고 사수자리 사장이 여는 파티에 환대를 받으며 참석합니다. 사수자리 사장은 고유의 기준으로 사람들을 평가합니다. 그리고 자기 기준에 부합하는 사람들은 그야말로 의리 있게 대해 주지요.

사수자리 사장은 지시를 내릴 때 상당히 엄한 분위기를 풍기지만 사실은 너무나도 유쾌한 사람입니다. 그리고 항상 탄탄한 논리가 있기 때문에 그에게 화를 내기란 어렵습니다. 요령도 없고 가끔은 어리석기까지 하지만, 그에게는 강력한 직관력이 있습니다. 게다가 행운의 예감이 더해져서 어떤 막다른 상황이 닥쳐도 빠져나올 수 있습니다.(연애 문제에서는 잘 빠져나오지 못합니다.) 사수자리 사장은 그 태평스러운 성격 때문에 당신이 알아차리기 쉽지 않겠지만, 보기보다 훨씬 깊이 생각하는 사람입니다. 어떤 변호사와도 논쟁을 잘 펼치는 편이며, 일반적으로 변호사를 능가합니다. 전형적인 사수자리 사장이라면 교육도 잘 받았을 것입니다. 설사 그렇지 못했다 해도 그는 지금까지 살아오면서 호기심 어린 탐구 정신으로 당신이 결코 상상할 수 없을 만큼의 많은 지식을 쌓아 왔을 것입니다.

사수자리 사장은 기본적으로 마음이 따뜻한 사람이지만, 가끔은 남을 짓밟을 만큼 야심이 있는 사람입니다. 사람들과의 관계에서 있었던 일은 잘 기억하지 못하지만, 어떤 사실에 대해서는 잊는 법이 없습니다. 경쟁 회사의 사업 현황에 대해서는 정확한 수치까지도 술술 말하면서도, 정작 본인과 몇 년 동안 함께 일하고 있는 경리 직원의 이름은 잊어버리기도 합니다. 사수자리 사장은 시원시원하게 걷습니다. 때때로 사수자리의 전형적인 특성이 걸음걸이에도 영향을 미쳐서 조심성 없이 활보하겠지만, 쓰레기통 앞에 멈춰 서서 쓰레기를 버리고 담뱃불도 이상 없이 잘 비벼 끕니다. 가끔 그의 발이 전화선에 걸려서 휘청할 때도 있지만 그의 마음은 절대로 휘청거리지 않습니다. 그의 생각은 그다지 대중적이지 않고, 고지식한 보통 사람들에게 잘 받아들여지지 않지만, 십중팔구는 성공을 거두고 맙니다.

수줍음을 많이 타는 사수자리 사장도 가끔 있지만, 소심해 보이는 겉모습 뒤에는 지배행성인 목성이 버티고 서 있을 것입니다. 사수자리 사장은 은퇴를 한 뒤에도 여전히 하늘을 향해 활시위를 당기고 있답니다. 말하는 것을 좋아하는 외향적인 사수자리들은 자신이 좋아하는 이론(이와 더불어 자신의 개인적인 생각까지)에 대해 자세히 설명하는 것도 좋아합니다. 내향적인 사수자리들은 기분이 내킬 때 곧잘 혼잣말을 하는데, 그 말들은 주로 재미있거나 교훈적인 이야기들입니다. 사수자리 사장은 동물, 밝은 색상, 거대한 계획, 창의적인 사람들, 좋은 음식, 술, 여행, 충성심, 변화 그리고 자유를 사랑한답니다. 반대로 부정직, 잔인함, 이기심, 비밀, 인색함, 비관주의, 그리고 위선에는 냉담합니다. 대체로 그와 함께 일하는 것이 재미있을 것입니다. 당신은 사장을 점점 더 좋아하게 되고 또한 사장의 영향도 많이 받게 될 것입니다. 당신이 사장을 떠나 본 적이 있다면 알 것입니다. 사장의 자부심과 독립심에도 불구하고 왠지 사장이 길을 잃고 헤매고 있을 것만 같은 느낌을 받았을 테니까요. 그가 진짜로 그러지는 않겠지만 사수자리 사장을 떠나지 마세요. 내일은 항상 큰 물음표로 남겠지만 적어도 오늘은 결코 지루하지 않을 것입니다.

사수자리 직원

↗

"난 그런 노래는 못 들어 봤어. 이 노래는 특히 더 말이 안 되는 것 같아."
"그 시가 무슨 뜻인지 설명해 주었으면 좋겠는데." 가짜 거북이 말했다.
"저 앤 설명할 수 없어. 다음 연을 계속해 봐." 그리펀이 서둘러 말했다.

당신이 직원들을 대상으로 회사에서 1년간 일하면 어
느 정도의 돈을 벌 수 있는지, 또 5년 동안 근무하면 인
센티브로 얼마가 지급되는지 설명하면 대다수 직원들은
상당한 관심을 보일 것입니다. 하지만 사수자리 직원은
그렇지 않습니다. 그 직원은 지금 당장 얼마를 받는지
에 훨씬 더 관심이 많습니다. 내일은 너무 먼 미래이고,
내년은 가늠할 수도 없고, 5년 뒤는 그에게 영원과 같은

시간입니다. 그때 받을 돈이라면 장난감 화폐나 마찬가지이지요. 사수자리 직원은 진짜 돈에 관심이 있습니다. 나중에 일어날 일은 신에게 맡깁니다. 주사위를 던지고 행운을 바랄 뿐이지요. 하지만 대체로 신은 사수자리 직원에게 미소를 짓습니다.

사수자리 직원과 함께 일하면 재미있습니다. 서류함을 쓰러뜨리기도 하고, 발송할 우편물에 커피를 쏟기도 합니다. 하지만 너무나도 쾌활하고 남들을 기꺼이 도우려고 하니 이 정도의 서투름은 큰 문제가 되지 않습니다. 사수자리 직원은 징징거리거나 투덜대지 않습니다. 긍정적으로 사고하며 마치 당신이 회사에 처음 입사했을 때처럼 열정적이고 낙천적입니다. 당신과의 차이점은 사수자리 직원은 은퇴할 때까지도 늘 같은 모습이라는 것입니다. 그의 천성이지요. 당신도 사수자리 직원의 몇 가지 모습에 전염될 것입니다. 그가 당신이 어두운 구석에 내팽개쳐 놓은 환상에 빛을 비춰 주어서, 당신은 그 환상을 꺼내서 먼지를 털고 다시 시도하게 될지도 모릅니다.

사수자리는 뭔가를 하다가 중단하는 법이 없습니다. 또한 일을 빨리 하는 편입니다. 유일하게 천천히 결심하는 것은 결혼에 관한 일입니다. 물론 동쪽별자리에 황소자리나 염소자리가 있는 사수라면 좀 더 신중하게 움직이겠지만, 이들도 감정이나 정신적인 면에서는 절대로 느리지 않습니다. 전형적인 사수자리는 당신보다 앞서 나갈 것입니다. 그리고 어떤 부분에서 당신보다 앞서 있는지 즐겁게 당신에게 상기시켜 주는 일도 서슴지 않습니다. 사수자리 직원은 별로 겸손하지 않습니다. 불같은 자존심을 얇은 겸손의 막으로 가리고 있는 사수자리도 가끔 있지만, 그 안을 들여다보면 자신감 넘치는 자아를 발견할 수 있을 것입니다. 가끔 연애 문제와 관련해서는 자신 없어 하겠지만 그렇지 않은 사람이 누가 있겠습니까?

사수자리 직원은 좀 무성의하고 부주의해 보일 때도 있습니다. 하지만 그렇다고 해서 반짝이는 목성이 선물한 직관과 기발한 사고 체계를 보유한 사수자리 직원을 과소평가하는 치명적인 실수를 범해서는 안 됩니다. 간혹 사수자리 직원이 도대체 어디를 다녀왔고 어디로 갈 것인지 전혀 감이 잡히지 않을 때가 있을 것입니다. 또 가끔은 그가 정말로 부끄러움을 타는지 아니면 머릿

속에서 계속 고민하며 때를 기다리고 있는지 의아해질 때도 있을 것입니다. 또 어떤 때에는 전혀 의심의 여지 없이 자신감 넘쳐 보일 때도 있습니다. 너무 대담해서 그가 내뱉는 직설적인 말에 깜짝 놀라게 될 것입니다. 그는 제스처는 물론이고 생각이나 행동이 늘 큼직큼직 합니다. 그래서 어마어마한 실수를 저지르기도 하고, 강력한 적을 상대로 기막힌 승리를 이끌어 내기도 하지요.

당신은 사수자리의 호기심이 신경에 거슬릴 수도 있 습니다. 그는 지시받는 것만으로는 만족하지 않을 것입 니다. 당신이 어떤 배경에서 그런 지시를 내리고 왜 그 런 방식을 선택했는지 궁금해하지요. 만약 당신의 논리 가 매력적으로 들리면 사수자리 직원은 진심으로 그것을 수용하고 당신을 찬양할 것입니다. 그렇지 않다면 당신 이 제시한 절차에서 누락된 것들을 역시나 솔직하게 평 가해 대는 바람에 당신은 약간 움츠러들지도 모릅니다. 당신이 여유를 잃고 급기야 화를 내기 전까지 말이지요. 사수자리 직원을 대할 때에는 유머 감각을 잃지 않는 것 이 중요합니다. 화를 내 봤자 사수자리에게 계속 화를 낼 수 있는 사람은 거의 없으니, 그것은 부끄러운 아드레날린 낭비가 될 뿐입니다. 사수자리 직원은 뽀뽀를 해 주고 싶기도 하고, 한 대 치고 싶기도 한 사람이랍니다. 하지만 이것이 불가능하기 때문에(사수자리 직원이 여성이라면 뽀뽀를 할 수 없을 테고, 영업팀장이라면 때릴 수가 없겠죠.) 그냥 포기하는 것이 좋습니다.

대부분의 사수자리 직원들은 당신이 칭찬할 때 얼굴을 붉히지 않습니다. 이들은 갈채를 좋아합니다. 하지만 사수자리 직원이 자신의 재능과 능력에 대해 자랑하기 시작하면 당신이 얼굴을 붉히게 될 것입니다. 사수자리 직원의 소소한 결함 중 하나는 무엇이든 기꺼이 다 해줄 것처럼 천진난만하게 약속을 했다가 마무리를 잘하지 못한다는 것입니다. 목표물이 그의 생각보다 더 멀리 있었던 셈입니다. 다음에는 좀 더 정확하게 겨냥해서 과녁을 맞힐 것입니다. 말수가 적고 신중한 사수자리조차도, 자기가 씹을 수 있는 것보다 조금 더 크게 베어 무는 경향이 있습니다. 어쨌거나 두 가지 유형 모두 당신을 매료시킬 만큼 앞장서서 일하는 경향이 있습니다.

사수자리 직원은 목성의 행운이 좀처럼 떠나지 않습니다. 이들은 신뢰할 만한 예감과 뛰어난 통찰력을 타고났습니다. 이 예감과 통찰력을 바탕으로 논리적인 결론을 이끌어 내기 때문에 사수자리 직원의 결정은 틀릴 때보다는 옳을 때가 더 많습니다. 여기에 전형적인 사수자리의 행운까지 감안하면 왜 사수자리들이 종종 행렬의 맨 앞에 서는지 알 수 있지요. 최근에 제 친구 한 명이 이와 관련하여 예외라고 생각되는 경우를 지적했습니다. 몇 년 동안 휴식 기간을 갖고 싶어 했던 사수자리 여배우에 관한 일입니다. 지금은 그 꿈을 거의 이루기 직전이지만, 그동안 너무나 긴 세월을 기다리며 정말 열심히 노력해야 했습니다. 그래서 제 친구는 목성이 그녀를 저버렸다고 생각했죠. 하지만 그녀가 스타덤에 오르기까지 걸린 시간은 목성의 행운과 아무런 상관이 없었습니다. 누구나 인생의 시간표가 덜컹거릴 때가 있으니까요. 그래도 다른 집에 물난리가 났을 때 그녀의 집은 고작 문고리가 고장 나는 정도였고, 과일가게에 때마침 남아 있는 마지막 멜론은 늘 그녀 차지였습니다. 하나밖에 없는 스타킹이 찢어졌지만 돈이 한 푼도 없었을 때도 우연한 발견으로 근심이 해결되었지요. 새 스타킹 하나가 냉장고에 처박혀 있었으니까요. 그녀가 처음으로 맡은 근사한 역할은 사실 프로듀서가 그녀를 다른 배우로 착각해서 준 배역이었습니다. 그리고 프로듀서는 실수로 캐스팅하기를 잘했다는 것을 나중에 알게 됩니다. 사수자리에게는 이런 식의 일이 늘 일어납니다. 상황이 너무 나빠지기 전에 전혀 예상치 못한 곳에서 태양이 튀어나와 그들을 비추어 준다고 할까요? 마치 태양이 목성의 순수하고 순진한 낙천주의에 상을 주는 듯한 느낌이 듭니다.

가끔 사수자리의 행운이 당신의 사수자리 직원에게는 거꾸로 작용하기도 합니다. 회사에서 거의 다 따낸 계약을 사수자리 직원이 망쳐 버렸습니다. 그래서 당신은 그 직원을 해고하기로 마음먹었지요. 그런데 해고를 통보하기 바로 전날, 그 사수자리 직원이 모욕을 퍼붓고 사기꾼이라고 욕한 상대방 회사의 대표가 물에 젖은 상품을 판매했다는 이유로 기소되는 상황이 벌어진답니다. 그 골칫덩이 직원의 실수 덕분에 회사는 막대한 피해를 면한 셈이죠. 중요한 우편물을 발송하는 일을 깜박한 사수자리 비서는 당신의 신랄한 비난 때문에 눈물이 마를 날이 없습니다. 그런데 발송하지 않은 우편물에 당신 회사가 인출할 수 있는 금액보다 훨씬 더 많은 액수가 적힌 수표가 들어 있었다는 것을 알게 됩니다. 실수가 더 큰 실수를 막은 셈입니다.

　자신의 행운을 비웃으며, 타고난 패배자라는 인상을 풍기고 싶어 하는 사수자리들이 있습니다. 당신이 그런 부류의 사수자리를 채용했다면 그 직원의 약삭빠름에 속지 마세요. 아마도 동쪽별자리에 전갈자리가 있어서 의심이 많은 유형일 것입니다. 자신의 행운이 곧 바닥을 드러낼 거라고 늘 말하겠지만, 그 직원은 다른 사수자리들처럼 빙고 게임에서 자주 이길 것입니다. 지난주에 그 직원은 돈이 별로 없어서 싸구려 신발을 사러 어느 신발 가게에 들어갔습니다. 그런데 그 가게의 백만 번째 고객으로 뽑혀서 5년 동안 매달 새 신발 한 켤레씩 받게 되었습니다. 그 직원은 이런 사실을 당신에게 얘기하지 않았지요? 분명히 동쪽별자리가 전갈자리일 것입니다. 하지만 태양은 확실히 사수자리랍니다.

　사수자리 직원의 결점 중에 부정직함은 해당되지 않습니다. 그런데 요령도 없습니다. 잔인할 정도로 솔직한 사수자리 직원 때문에 사무실은 한바탕 난리가 나고, 당신은 수습하느라 애를 먹을 수도 있습니다. 예를 들어서, 솔직한 사수자리 직원이 가발을 쓴 회계 담당자에게 대머리 치료약을 권하는 식입니다. 당신은 지난 몇 년 동안 회계 담당자가 대머리라는 사실을 모른 척해 주면서 머리 스타일이 멋지다고 칭찬까지 해 주었죠. 게다가 그 회계 담당자는 사자자리였습니다. 그뿐 아니지요. 어린 여직원이 중요한 고객과 전화 통화를 하고 있는데 사수자리 직원이 살그머니 다가와서는 전화기 바로 옆에서 꽥! 소리를 지릅니다. 어찌나 크게 소리를 질렀던지 그만 전화기는 고장 났고, 그 어린 직원은 화장실에서 하루 종일 울었습니다. 이 사건도 역시 쉽게 잊을 만하지 않지요. 당황스럽기는 하겠지만 당신은 사수자리의 이런 소소한 성격상의 결함을 머지않아 극복하게 될 것입니다.

사수자리 직원은 가끔 엘리베이터 안내원이나 심지어 당신에게도 성질을 버럭 내서 당신을 놀라게 할 수도 있습니다.(사수자리는 사람을 차별하지 않습니다.) 사수자리 직원의 맹렬한 분노는 특히 누군가가 그의 순수한 의도를 의심할 때 주로 폭발합니다. 그의 입장에서는 지극히 정당한 분노지요. 비록 진실에 도달하기 위해 그가 택하는 길이 좀 이상하고 꼬불꼬불하더라도, 사수자리 직원

의 영혼은 진실합니다. 정말로 그렇습니다. 그런 직원을
의심하거나 위선적이라고 비난하면 불화살이 날아옵니
다. 그 화살은 마치 로빈 후드에게 배운 것처럼 당신의
가장 예민한 부분에 명중할 것입니다. 실제로 사수자리
직원에게는 로빈 후드라는 별명이 잘 어울립니다. 그 직
원은 부자의 주머니를 털어서 가난한 사람을 돕는 로빈
후드 이야기에 깊은 감명을 받고 있을 것입니다. 사수자
리의 화는 화상을 입힐 만큼 오래가지 않습니다. 화살을
맞더라도 흉터는 남지 않습니다. 하지만 가끔은 화염 방
사기를 사용할 수도 있습니다. 그럴 때에는 당신의 자존
심에 상처가 약간 생기기는 할 것입니다.

만약 사수자리 직원이 집을 구하지 못하고 있으면
당신의 여행 가방 중에서 가장 큰 것을 빌려 주고 월세
를 내라고 하세요. 사수자리 직원은 자신의 자유를 위협
받으면 네 개의 벽과 지붕으로 둘러싸인 방보다는 차라
리 여행 가방 속에서 살고 싶어 할 것입니다. 사수자리
직원이 온갖 스티커가 붙어 있는 여행 가방을 들고 출
근한다면, 그것은 슬슬 몸이 근질거리기 시작했다는 미
묘한 메시지를 당신에게 전달하는 것입니다. 그 힌트를

얼른 알아차려서 출장을 보내세요. 사수자리 직원은 아마도 그런 것이 필요할 것입니다. 사수자리 직원은 주문을 잔뜩 따내고 훨씬 가벼운 마음으로 돌아올 것입니다. 사수자리 직원은 우수한 세일즈맨이지만 성급한 열정은 좀 다듬어 주어야 합니다. 도전을 좇아 돌진하는 것은 좋지만 신중함을 잊는 경향이 있습니다. 그는 비록 충동적이기는 하지만 신중하게 생각할 시간이 주어진다면 매우 타당하고 논리적인 아이디어로 어떤 전문가도 이길 수 있습니다. 사수자리 직원에게는 돈이 중요합니다. 자신이 원하는 방식으로 살려면 돈이 필요하기 때문입니다. 하지만 인색한 사람은 아닙니다. 만약 당신이 인색한 사람이라면 그는 좀 더 마음이 잘 맞는 사람들이 있는 회사로 옮길 것입니다.

사수자리 직원은 당신이 좌절하고 있으면 당신의 양팔을 들어올리며 힘을 내라고 할 것입니다. 하지만 별로 도움이 되지는 않습니다. 사수자리 직원은 하늘을 향해 두 팔을 들고 있는 당신에게 공을 던지며 "잡아요!"라고 소리칩니다. 뭐 하시는 거예요? 그 정도는 잡으셔야지요. 운동을 해야 건강해진다고요.

당신은 끝없는 우주입니다

바빌론까지는 얼마나 멀어요?
60마일하고도 10마일 더 가야지.
촛불만 들고 갈 수 있을까요?
물론이지, 돌아올 수도 있는 걸!
−마더구스 중에서

마더구스의 순백색 깃털을 흔들고 그 이상한 주파수에
채널을 맞추면, 지혜로운 마더구스가 비밀을 보여 줄지
도 모릅니다. 언뜻 유치하게 들리는 마더구스의 자장가
에는 숨은 보석 같은 지혜가 담겨 있을 것입니다.

바빌론이 얼마나 멀리 있냐고요? 칼레도니아의 샌
들 신은 사람들의 시대나 보석을 걸치고 향수를 뿌린 이
집트 파라오의 시대에서부터 우주 시대까지는, 혹은 사

라진 아틀란티스 대륙 시대에서부터 제트 항공기 시대인 21세기까지는 어마어마한 시간의 흐름이 있다는 것을 알겠습니다. 하지만 실제로 그 시절이 얼마나 멀리 있는 걸까요? 어쩌면 한두 번 꿈을 꾸고 나면 닿을 수 있는 거리인지도 모릅니다.

과학 분야 중에서 유일하게 천문해석학만이 그 오랜 세월 동안 온전하게 이어져 오고 있습니다. 그 세월 동안 변치 않고 우리 곁에 남아 있다는 사실에 놀랄 필요는 없습니다. 천문해석학은 진실이고, 진실은 영원하니까요. 문명이 처음 생길 때부터 마치 모든 여성들과 남성들의 목소리가 메아리치듯이 오늘날 현대에도 똑같은 말이 반복되고 있지요. "금성이 당신의 지배행성인가요?", "저는 황소자리로 태어났어요.", "당신의 수성도 쌍둥이자리인가요?", "그 사람이 물병자리인 걸 모르시겠어요?"

천문해석학은 우리에게 행성 탐험이라는 흥미로운 미래를 마련해 주는 동시에 우리를 아련한 과거와 연결해 주는 황금 끈입니다. 과거에 황당한 미래 사회에 대한 글을 쓰거나 영화를 만들었던 사람들이 사실 몽상가가 아니었음이 증명되고 있습니다. 너무나도 환상적인 영화 〈벅 로저스〉*는 모든 분야의 과학보다 진보한 이야기를 다루었으며, 이 우주에는 우리가 상상하는 것보다 훨씬 많은 것이 존재한다는 사실을 일깨워 주었습니다. 만화책 주인공이었던 딕 트레이시가 사용했던 양방향 손목 무전기는 이제 더 이상 환상이 아니라 현실이 되었지요. 문 메이드**의 가장 강력한 무기는 레이저 광선이라는 기적과 맞아떨어지면서 납을 물처럼 흐르게 하고 인간이 알고 있는 어떤 단단한 물질도 뚫을 수 있게 되었습니다. 쥘 베른Jules Verne과 플래시 고든Flash Gordon은 상당히 매력적인 예언가로 평가받고 있습니다. 바다 속 심연과 그보다 훨씬 먼 지구 위 하늘에는 중요한 비밀이 숨어 있다는 사실도 이제는 과학으로 밝혀졌지요.

공상과학 작가나 만화가가 연구실에 있는 과학자보다 과거와 현재 그리고 미래 사이의 실제적인 거리감에 대해 더 잘 알고 있는 걸까요? 아인슈타인 박사는 시간

---

* 벅 로저스(Buck Rogers): 1939년 미국에서 제작된 공상 과학 영화.
** 문 메이드(Moon Maid): 에드거 라이스 버로스의 판타지 소설 『The Moon Maid』의 주인공.

이 상대적이라는 사실을 알아냈습니다. 시인들도 항상 알고 있었고, 과거로부터 전해 내려오는 현자들도 알고 있었습니다. 그 메시지는 새로운 것이 아니었죠. 요즘처럼 천문해석학에 관심이 쏟아지기 훨씬 이전에도 플라톤, 톨레미, 히포크라테스, 그리고 콜럼버스는 천문해석학의 지혜를 존중했고 갈릴레오, 벤 프랭클린, 토머스 제퍼슨, 아이작 뉴턴, 그리고 카를 융 같은 사람들도 천문해석학을 가까이했습니다. 존 퀸시 애덤스 대통령도 그 중 한 명이며 위대한 천문학자 튀코 브라헤, 요하네스 케플러도 추가해야 합니다. RCA* 회사의 천재 연구원 존 넬슨, 그리고 퓰리처 수상에 빛나는 존 오닐 등도 있습니다. 이들 모두 고등교육을 받은 사람들이지요.

　1953년 노스웨스턴 대학의 프랭크 브라운 주니어 교수는 굴을 가지고 실험을 하는 과정에서 정말 놀라운 사실을 발견했습니다. 지금까지 과학계에서는 굴이 껍데기를 열고 닫는 주기는 태어난 장소의 조수간만 주기

---

* RCA(Radio Corporation of America): 1932년 설립된 미국의 전자 기업으로 미국 내에 라디오와 텔레비전을 보급했다. 1986년 제너럴 일렉트릭(GE)에 인수되었다.

를 따른다고 추정해 왔습니다. 하지만 브라운 박사가 롱 아일랜드 해협에서 채집한 굴을 일리노이 주의 에반스 턴에 있는 연구실 수조에 가져다 놓았을 때 이상한 일이 벌어졌습니다.

굴을 옮겨 놓은 곳은 항상 일정한 온도를 유지하고 늘 희미한 조명을 켜 둔 상태였습니다. 처음 2주 동안 그 옮겨진 굴은 1000마일 떨어져 있는 롱아일랜드 해협 의 조수간만에 따라 껍데기를 열고 닫았습니다. 그러다 갑자기 껍데기를 굳게 닫고는 몇 시간 동안 그대로 있 었습니다. 굴이 향수병으로 인해 껍데기를 닫아 버렸다 고 브라운 박사 연구팀이 결론 내리려고 할 즈음 이상한 일이 생겼습니다. 굴이 다시 껍데기를 연 것입니다. 롱 아일랜드 해협 밀물 시간에서 정확하게 4시간 뒤인 에 반스턴 밀물 시간에, 마치 해변에 있는 굴처럼 껍데기를 열었습니다. 새로운 주기가 시작되었습니다. 자신의 리 듬을 새로운 지리적 위도와 경도에 맞췄습니다. 도대체 어떤 힘이 작용했을까요? 물론 달의 힘이죠. 브라운 박 사는 굴의 에너지 주기가 밀물과 썰물을 통제하는 신비 한 달의 신호에 의해서 움직인다고 결론 내릴 수밖에 없었습니다.

이와 마찬가지로 인간의 에너지와 정서적 주기도 여러 행성들로부터 오는 훨씬 더 복잡한 전자기 네트워크에 영향을 받습니다. 과학계에서는 달의 인력으로 인해 바다에서 조수간만의 차가 발생하는 것으로 인식하고 있습니다. 신체의 70퍼센트가 물로 구성되어 있는 인간이 그런 강력한 행성의 인력에 영향을 받지 않을 수 있을까요? 우주 비행사들이 행성에 다가갈 때 느끼는 엄청난 전자기력의 영향은 익히 알려진 사실입니다. 달의 인력은 여성들의 월경 주기나 출산에도 영향을 미친다고 알려져 있고, 정신병원 환자들이 달의 영향을 받는다는 의사와 간호사들의 반복되는 증언도 있습니다. 보름달이 뜨는 날에는 경찰도 힘들어한다는 얘기를 들어 보셨는지요? 농사력에 나오는 조언을 무시하고 지지대를 박거나 돼지를 잡거나 작물을 심는 농부가 있을까요? 달과 행성들의 움직임은 의회에서 논의하는 세금 문제만큼이나 중요한 문제입니다.

모든 행성 중에서도 달의 인력이 가장 두드러지고 극적인데, 그것은 달이 지구에서 가장 가깝기 때문입니다. 하지만 태양을 비롯해서 금성, 화성, 수성, 목성, 토성, 천왕성, 해왕성, 명왕성도 아주 멀리서 그 영향력을 분명히 행사하고 있습니다. 과학자들은 식물과 동물이 어떤 규칙적인 주기에 영향을 받는다는 사실을 인식하고 있는데, 그 주기는 바로 공기 중에 있는 자장이나 기압의 변동 그리고 중력과 같은 힘에 의해서 결정된다고 합니다. 지구에 영향을 미치는 이러한 힘은 별의 보이지 않는 파장이 날아오는 우주에서부터 비롯됩니다. 달의 변화, 감마선·우주선·엑스선 샤워, 배 모양 전자기 파장의 맥동, 그리고 외계로부터 오는 여타의 영향력들은 우리를 둘러싸고 있는 대기권을 지속적으로 뚫고 쏟아져 내리고 있습니다. 지구상에 있는 어떤 생명체나 광물도 그것을 피할 수 없으며 우리 인간도 마찬가지입니다.

예일대 의대 해부학 박사인 해럴드 버는 복잡한 자기장이 인간의 출생 시에 어떤 패턴을 형성하는 것뿐만 아니라 사는 동안 그 패턴을 통제한다고 언급했습니다. 버 박사는 또한 인간의 중추신경계는 전자기 에너지를 매우 잘 흡수하는, 자연계에서 가장 예민한 기관이라고 말했습니다.(인간은 굴보다 좀 더 멋있게 걷기는 하지만 굴과 똑같은 진동 소리를 듣는다는 말이지요.) 또한 우리 뇌 속에 있는 세포 10만 개는 전기가 흐를 수 있는 무수히 많은 회로를 형성하고 있습니다.

그러므로 우리 몸과 뇌 속에 있는 미네랄과 화학 물질 및 전기적인 세포는 태양의 흑점, 일식 그리고 행성의 움직임에서 발생하는 모든 영향에 반응합니다. 인간도 다른 모든 살아 있는 유기체와 마찬가지로 우주의 끊임없는 밀물과 썰물에 반응합니다. 하지만 인간은 고유의 자유의지가 있기 때문에 그런 외부의 영향력에 구속될 필요는 없습니다. 다시 말해서 우리의 정신은 이러한 행성들의 영향보다 더 우위에 있다는 뜻입니다. 그러나 불행하게도 우리 대부분은 자유의지(정신의 힘이지요.)를 사용하지 못하고 있고, 우리의 운명을 미시건 호수나 옥수수자루만큼이나 제어하지 못하고 있습니다. 천문해석가의 목표는 사람들이 인생의 급류에 그냥 쓸려 다니지 않고 그 흐름에 맞서 싸우는 방법을 얻도록 도와주는 것입니다.

천문해석학은 과학인 동시에 예술입니다. 비록 많은 사람들이 그 기본적인 사실을 무시하고 싶어 하지만 결코 간과할 수 없습니다. 많은 천문해석가들은 사람들이 천문해석학과 관련한 직감만을 언급하는 것에 대해 분노하고 있습니다. 천문해석가들은 직감과의 연관성을 언급하는 말에 대해서 '천문해석학은 수학에 기초한 정확한 과학이다. 절대로 직감력과 동일선상에서 언급되어서는 안 된다.'라고 강력하게 주장합니다. 저는 그들의 의견도 진정성이 있다고 생각하지만, 왜 그 두 가지를 전혀 다른 것으로 구분해야 하는지 계속 의문이 듭니다. 오늘날에는 문외한들도 자신의 초능력을 알아보기 위해서 책이나 게임 또는 연구 실험을 시도하고 있습니다. 천문해석가라고 그러지 말아야 한다는 법은 없습니다. 육감을 가지고 있거나 개발하고 있는 소수의 사람들을 닭이 머리를 모래에 숨기듯 모른 척해야만 할까요?

천문해석학의 출생차트 계산이 수학적 데이터와 천문학적 사실에 근거한다는 점을 고려한다면 천문해석학은 정확한 과학입니다. 의학도 사실과 연구에 기초한 과학입니다. 그럼에도 불구하고 모든 훌륭한 의사들은 의학이 또한 예술이라는 점을 인정하고 있습니다. 의사들은 직감적 진단을 하는 동료들이 있다는 것을 인식하고 있습니다. 내과 의사들은 개인마다 정도의 차이는 있지만 의학적으로 입증 가능한 사실을 해석함에 있어서 그들에게 막대한 도움을 주는 예민하고 특별한 감각이 있다고 말할 것입니다. 의학적 이론을 종합하여 환자의 개인 이력과 관련된 실험 결과를 해석하는 것은 공식처럼 미리 결정되어 있지 않습니다. 의사의 직감적 통찰력이 없이는 불가능한 과정입니다. 그렇지 않다면 의학은 그냥 전산화하면 그만일 것입니다.

음악도 또한 엄격한 수학 법칙이라는 과학적 토대가 있는 분야로, 코드 진행에 대해 공부해 본 사람이라면 누구나 알고 있을 것입니다. 간주곡들은 논쟁의 여지없이 수학적 비율에 의해 결정됩니다. 하지만 음악 역시 예술이지요. 누구나 〈월광〉이나 〈바르샤바 협주곡〉을 배울 수는 있지만 벤 클리번의 연주가 다른 사람들과 다른 것은 그 감각 또는 직감적 통찰력의 차이일 것입니다. 음표와 화음은 언제나 수학적으로 정확하게 똑같습니다. 하지만 그에 대한 해석이 다른 것이죠. 이것이 바로 과학이라는 단어의 정의와는 전혀 관계가 없는 명확한 현실입니다.

천문해석학을 남에게 가르칠 수 있을 정도로 아주 훌륭하게 공부하는 지적인 사람들도 있지만, 천문해석학이라는 과학을 예술의 경지로 끌어올릴 수 있는 감각적 해석이나 직감적 통찰력을 겸비하는 사람은 많지 않습니다. 물론 정확하고 도움이 될 만한 천문해석학 분석을 제공하기 위해 심령술사나 영매가 될 필요는 없지만, 천문해석가의 직감력은 분명히 출생차트를 종합하고 분석하는 데에 도움을 주는 자산이 됩니다. 물론 그런 직감력이 있는 천문해석가도 기본적으로 수학 계산에 능숙해야 하며 자신의 예술에 있어 과학적인 기본 사항을 엄격히 준수하는 태도가 있어야겠죠. 그런 천문해석가는 의식적인 능력과 무의식적인 능력을 잘 조합하여 사용하기 때문에, 당신은 유능하고 전문적인 천문해석가들을 두려워할 필요가 없습니다. 오히려 그런 사람을 만날 수 있다면 행운이지요. 어떤 분야에서든 예민한 통찰력을 보유한 사람은 드물답니다.

　요즘에는 천문해석학의 인기가 높아지면서 갑자기 돌팔이 천문해석가들이 많이 나타났지만, 정말로 필요한 제대로 된 천문해석가와 스승은 많지 않습니다. 가까운 미래에는 천문해석가가 유수의 대학에서 '별의 과학'을 전공한 전문가로 인식될 날이 올 것입니다. 행성들이 인간의 행동에 미치는 영향에 대한 중요한 연구는, 옛날 유럽에서 그랬던 것처럼 주요 대학에서 교과목으로 가르치게 될 것입니다. 천문해석학을 가르치고 연구할 수 있는 능력이나 개인차트를 분석할 수 있는 능력이 출생 차트에 나타나는 학생들만 받게 될 것이며 그 과정은 법대나 의대만큼이나 어려울 것입니다. 자기장, 기후 조건, 생물학, 화학, 지질학, 천문학, 수학, 사회학, 비교종교학, 철학, 심리학도 공부해야 하고 천문 차트를 계산하는 방법과 해석하는 방법도 공부해야 하며 졸업생들은 천문해석가(D.A.S: Doctor of Astral Science)라는 자격을 부여받아야 간판을 걸 수 있을 것입니다.

현재의 연구 단계에서 초보자들이 천문해석학에 가장 안전하고 타당하게 접근할 수 있는 방법은 열두 개 태양별자리에 대해 완벽하게 공부하는 것이며, 이것은 마치 응급조치나 건강 상식을 공부해서 의학이론에 익숙해지는 것과 마찬가지입니다.

언젠가 인류는 천문해석학, 의학, 종교, 천체물리

학, 정신과학이 모두 하나라는 사실을 발견할 것입니다. 그 모든 것이 합쳐져야 비로소 완벽한 전체를 이루게 됩니다. 그때까지 각 분야는 조금씩의 결함을 가지고 있을 것입니다.

천문해석학에는 서로의 의견이 충돌하는 혼란스러운 부분이 있습니다. 바로 환생에 대한 의견입니다. 오늘날에는 누구나 긍정적이든 부정적이든 윤회설에 대한 의견이 있을 것입니다. 물병자리 시대로 들어가는 20세기에는 여기저기에서 점괘판이나 잔 딕슨*에 대한 이야기를 듣게 됩니다.

전문적인 천문해석가들은 윤회설 또는 카르마를 바탕에 깔고 해석하지 않으면 천문해석학은 불완전한 것이라고 믿고 있고, 저 또한 그렇습니다. 윤회설을 강하게 부인하는 사람들이, 특히 천문해석학이 상대적으로 낯선 서양에 많이 있습니다. 천문해석학을 활용하기 위해서 반드시 환생 이론을 받아들여야 하는 것은 아닙니다. 또한 전생 혼의 존재는, 아무리 논리적으로 설명하

---

* 잔 딕슨(Jeanne Dixon, 1904~1997): 미국의 유명한 점성가이자 심령술사.

더라도 과학적으로 규명된 적이 한 번도 없습니다.(문서로 남긴 설득력 있는 정황 증거와 성경이 있기는 합니다.) 환생은 그 특성상 확실하게 손에 잡히는 증거를 영원히 확인할 수 없을지도 모릅니다. 고대인은 진화한 영혼이 끊임없이 다시 태어나는 환생 주기를 끝내려면 카르마의 진실을 추구하는 단계에 도달해야만 한다고 가르쳤습니다. 그러므로 환생을 믿는 것은, 우주에서 환생이 존재하고 있다는 것과 현생의 삶에서 그 카르마가 말하는 의무가 어떤 의미인지 찾을 수 있는 진화한 영혼에게는 선물이자 보상입니다. 그 깊은 신비가 증명되면 개개인이 스스로의 의지로 그것을 발견하기 위해 애쓸 필요가 없어지기 때문에, 영원히 증명되지 않고 각자 자신의 마음속에서 환생에 대한 답을 찾아야 하는지도 모릅니다. 하지만 스스로 찾기 위해서는, 다른 사람들이 무엇이 거짓이고 무엇이 참인지 발견해 놓은 지식을 배워야만 할 것입니다. 놀라운 예언가인 에드거 케이시에 대한 책이 호기심 많은 초심자들의 이해를 도울 만하고, 환생에 대해서는 훌륭한 책들이 많이 나와 있으니, 몇 권 골라서 본다면 여러분이 스스로 환생이 고려할 만한 가치가 있는 주제인지 아니면 단순한 사술인지 생각을 정리하는 데에 도움이 될 것입니다. 이것이 우리가 직접 찬반양론을 철저하게 조사하고 삶과 죽음에 대한 문제에 접근하는 유일한 방법일 것입니다.

현대에는 보이지 않는 영향력에 대한 관심이 새롭게 일어나고 있으며, 독심술에 대한 관심이 그 좋은 예라고 할 수 있습니다. 미국항공우주국에서는 지구와 우주 비행사 사이의 통신이 두절되는 상황에 대비하기 위해 막대한 자금을 투자하여 선별된 우주 비행사들을 대상으로 감각적 인식을 통해 메시지를 전달할 수 있는지 확인하는 초감각적 지각 실험을 진행하고 있습니다. 이런 연구 분야에서 러시아가 미국보다 훨씬 앞서 있는 것으로 전해지는데, 이것을 보면 독단적이고 물질주의적인 사고를 배제해야 하는 이유를 알 수 있습니다.

사람들 사이의 이런 보이지 않는 파장에 대한 성공적인 실험결과 덕분에 의사들도 관심을 가지게 되었습니다. 의학계는 암이나 패혈증, 인두염과 같은 질병이 정신적·감정적 긴장으로 유발된다는 사실을 오래 전부터 인정해 왔으며, 오늘날에는 환자의 성향이 암의 진전과 분명한 관계가 있다는 이론을 확립하고 있습니다. 최근 기사에서는 저명한 의사들이 정신과 의사들과의 협력을 통해 어떤 환자가 질병에 예민한지 사전에 확인해서 질병을 조기에 치료하거나 예방할 수 있도록 해야 한다는 주장이 나왔습니다. 하지만 천문해석학에서는 질병이 정신과 감정에 의해 발생하며 그러므로 정신과 감정을 통해 통제하거나 제거할 수 있다는 것을 오래 전부터 인지해 왔습니다. 또한 특정 행성의 영향을 받는 순간에 태어난 사람은 특정 질병이나 사고에 노출될 확률이 높거나 또는 반대로 면역성을 가지고 있다는 사실 또한 알고 있었습니다. 환자의 출생차트 상에 행성들의 위치와 각도를 보면 의학에서 찾는 지식을 잘 알 수 있답니다.

고고학과 인류학에서 발견한 내용에 의하면 고대 이집트에서는 천문해석가이자 의사인 사람들이 고도의 기술로 뇌수술을 했던 것으로 밝혀졌습니다. 오늘날에도 진보적인 의사들은 고대 그리스 의사들이 했던 방법을 따라 달이 이동하는 별자리를 남몰래 체크하기도 합니다. 고대 의사들은 히포크라테스 계율에 따라 '달별자리에 해당하는 신체 부위나 달이 90도 혹은 180도를 맺는 신체 부위에는 칼을 대지 않는다.'라는 내용을 실천했습니다. 의학적인 천문해석학과 그 가치에 대해서는 질병의 원인과 예방 차원에서 논의해야 할 부분이 많고 또한 워낙 방대한 주제이므로 별도의 책에서 다루어야 할 것입니다.

의학계뿐만 아니라 일부 여행사나 보험 회사, 항공사에서도 치명적인 항공기 충돌 사고가 탑승객과 승무원의 출생차트와 관계있는지 은밀하게 조사하고 있습니다. 우리는 고대의 지식으로부터 물질적 사고 방식으로 후퇴했다가 많은 시간이 흘러 다시 진실로 나아가고 있습니다. 세월이 흐르면서 행성들은 그 장엄하고 확고한 궤도를 변함없이 유지하고 있습니다. 고대 바빌론의 하늘과 베들레헴의 하늘에서 빛나던 별들은 지금도 엠파이어스테이트 빌딩 위에서 또는 동네 뒷산 하늘 위에서 여전히 빛나고 있습니다. 그 별들은 수학적으로 정확한 주기를 가지고 있고, 여전히 인간을 포함한 이 지구 위에 있는 모든 생명체에 영향을 미치고 있으며, 지구가 존재하는 동안에는 앞으로도 변함없이 그럴 것입니다.

천문해석학은 운명론이 아니라는 점을 항상 기억해 주시기 바랍니다. 별은 어떤 경향을 부여할 뿐 강요하지는 않습니다. 우리 대부분은 행성과 출생차트의 영향뿐만 아니라 주변 환경과 물려받은 유전적인 환경에도 맹목적으로 순종해야 하고 이러한 환경의 힘이 우리보다 더 강력하다고 생각하는 경향이 있습니다. 우리가 이런 모든 요소들에 대해 통찰력이 없기 때문에 저항도 하지 않는 것이죠. 그럴 때, 우리의 별자리는 마치 지문처럼 우리에게 맞아떨어집니다. 우리는 우리를 움직이는 그 힘을 경멸하든 무시하든 간에 인생이라는 체스 게임에서 말처럼 움직여집니다. 하지만 누구든 태어날 때의 환경상의 어려움은 극복할 수 있습니다. 우리의 의지력이나 정신력을 이용하여 누구든 자신의 기분을 조절하고 인성을 변화시키고 자신의 환경과 태도를 제어할 수 있습니다. 이렇게 할 수 있을 때 우리는 비로소 체스판의 말이 아니라 그 말을 움직이는 주체가 됩니다.

당신은 "나는 태어날 때부터 그런 힘이나 능력이 없어."라고 말하면서 별을 따르는 것을 주저하시는지요? 당신은 보이지도 들리지도 말하지도 못하는 자신을 극복하기 위해 심원한 내면의 의지력을 발휘했던 헬렌 켈러보다 더 많은 것을 가지고 태어났습니다. 헬렌 켈러는 자신의 출생차트 상의 어려운 요소들을 명예, 부, 존경 그리고 수많은 사람들에 대한 사랑으로 바꾸었으며, 그렇게 행성들의 영향력을 극복했습니다.

두려움 때문에 내일을 바라보지 못하시나요? 무지개에 닿기도 전에 우울함과 비관주의가 당신의 무지개를 회색빛으로 물들이나요? 미국 영화배우였던 퍼트리샤 닐은 우울함과 불안함을 강철 같은 정신력으로 탈바꿈시켰습니다. 그녀는 비극 앞에서도 미소를 보였고 그 미소는 치명적인 마비 증상까지도 날려 버릴 만큼 충분한 감정적인 에너지를 발산해서 의사들도 깜짝 놀라게 만들었지요.

신문 지상에서 떠들어 대는 것처럼 미국이 냉전 시대, 국민적 혹은 국제적 몰이해, 범죄율 증가, 불평등, 편견, 도덕적 해이, 윤리 상실, 그리고 어쩌면 핵폭발로 곧 사라질 위기에 처해 있다고 걱정하고 계시나요? 윈스턴 처칠도 개인적으로 그리고 국가적으로 패배에 직면한 적이 있었죠. 하지만 그는 눈을 반짝거리면서 강철 같은 의지를 품고 마음속으로 기도를 했습니다. 이 세 가지로 그는 한 사람의 용기가 수많은 사람들에게 맹목적인 낙관주의와 굳건한 힘을 일깨워 주는 기적을 일구어 냈습니다. 결과적으로 그런 파장은 공포를 녹여 버리고 세상에 영감을 주었으며 승리를 이끌어 냈습니다. 처칠은 자신과 자신의 국가가 체스판의 말이 되기를 거부하였던 것입니다.

그런 사람들은 특별한 경우라고 생각하시나요? 당신도 기적을 만들어 낼 수 있습니다. 누구나 할 수 있습니다. 당신에게도 강력한 행성들의 전자기력에 대한 면역력을 기를 수 있는 충분한 힘이 있습니다. 그럼에도 불구하고 너무 쉽게 포기해 버리고 당신의 잠재력을 깨닫지 못한다면 정말 안타까운 일이지요.

증오와 두려움을 정복하고 나면 우리의 의지는 자유로워지고 엄청난 힘을 발휘할 수 있게 됩니다. 이것이 바로 말 없는 별들에 담겨 있는 당신 출생의 메시지입니다. 그러니 귀를 기울여 보세요.

어떤 고대 전설에서는 힘과 주술적 비밀을 알고 싶어서 현명한 마술사를 찾아가는 남자의 이야기가 있습니다. 마술사는 그를 맑은 호숫가로 데리고 가서 무릎을 꿇게 했지요. 그러자 그 현명한 마술사는 사라져 버리고 혼자 남겨진 그 남자는 물 속에 비친 자기 모습을 보게 되었습니다.

"내가 하는 것을 그대도 할 수 있다.", "구하라, 그러면 얻을 것이다.", "두드려라, 그러면 열릴 것이다.", "진실을 추구하라, 진실이 너희를 자유롭게 하리라."

바빌론까지는 얼마나 멀어요?
60마일하고도 10마일 더 가야지.
촛불만 들고 갈 수 있을까요?
물론이지, 돌아올 수도 있는 걸!

이것은 시일까요 아니면 수수께끼일까요? 이 우주 속에 있는 모든 것은 우주 법칙의 일부이며 천문해석학은 그 법칙의 기본입니다. 천문해석학에서 종교와 의학, 천문학이 생겨난 것이지 그 반대가 아닙니다.

고대 그리스의 도시였던 테베에는 열두 별자리가 조각되어 있는데 아주 오래된 것이라 정확한 기원은 알

수 없습니다. 아틀란티스일지도 모릅니다. 하지만 그 상
징들을 어디서 가져왔고 누가 새겼든 간에 그 메시지는
영원합니다. '당신은 끝없는 우주입니다.' 그리고 아직까
지 하나의 별밖에 보지 못했답니다.